非凡日本语 3

总策划：现代教育教材研发中心
主　审：王精诚
主　编：董文彦
编　者：焦钟莹　　彭　远　　［日］熊谷惠那

世界图书出版公司

西安　北京　上海　广州

图书在版编目（CIP）数据

非凡日本语. 3 / 董文彦主编. —西安：世界图书出版西安有限公司，2020.6
 ISBN 978-7-5192-5644-9

Ⅰ.①非… Ⅱ.①董… Ⅲ.①日语–自学参考资料 Ⅳ.① H36

中国版本图书馆 CIP 数据核字（2019）第 276353 号

书　　名	非凡日本语 3 Feifan Ribenyu 3
主　　编	董文彦
主　　审	王精诚
责任编辑	王会荣
封面设计	刘　阳
装帧设计	新纪元文化传播
出版发行	世界图书出版西安有限公司
地　　址	西安市锦业路 1 号都市之门 C 座
邮　　编	710065
电　　话	029-87234427　029-87233647（市场营销部） 029-87234767（总编室）
网　　址	http://www.wpcxa.com
邮　　箱	xast@wpcxa.com
经　　销	新华书店
印　　刷	西安金鼎包装设计制作印务有限公司
开　　本	889mm×1194mm　1/16
印　　张	20.5
字　　数	300 千字
版　　次	2020 年 6 月第 1 版
印　　次	2020 年 6 月第 1 次印刷
国际书号	ISBN 978-7-5192-5644-9
定　　价	51.80 元

☆如有印装错误，请寄回本公司更换☆

前 言 PREFACE

日本与中国一衣带水,经济与科技都很发达。随着"一带一路"倡议的实施、出国留学人数的剧增,外语的学习也变得尤为重要。作为世界十大语言之一的日语近几年来已经成为我国的第二大外语,日语的学习热潮一直在持续。然而,现有日语教材已经难以满足学习者的要求。学界普遍认为日语教学从根本上来说不仅仅是知识的累积,更是能力的培养,需要大量重复性演练。为此,我们精心推出《非凡日本语》系列丛书,助广大日语爱好者和在校大学生一臂之力。

《非凡日本语》系列丛书由长期身处教学第一线的教师团队合力编写。他们深知培养学生日语能力的重要性,也最了解"精准学习、快速过级、出国留学"的市场需求;同时,本系列丛书将语言能力、应试留学、社会文化三者科学融合,反复提炼,使学生短时间内就可以一举解决这三个实实在在的问题,是一套非常接地气的日语系列教材。

本系列教材具有以下四个特点:

1. 立足教学,易学易用。

本系列教材在编写过程中立足教学第一线,结合教师自身的教学经验与日语学习的特点,遵照循序渐进、由浅入深的学习模式,合理安排词汇与语法顺序,层层递进、环环相扣,增强了学习的逻辑性,从而大幅度地提高了学习效率。此外,本系列教材在会话情景上着意体现日语特色,语言更加活泼新颖,让学生的学习更加轻松愉快。

2. 紧扣考试,内容全面。

本系列教材在定位与结构布局上参考了日语能力考试(JLPT)、实用日语能力考试(JTEST),以及 Nat 考试的考试大纲,并按照考试的大纲要求

对词汇、语法进行精挑细选与合理排序。在文章的选编上，贴近考试阅读文章，涵盖面广，讲解精准。本系列教材亦对日语中的重点与难点表达做了着重辨析。

3. 结合文化，贴近留学。

考虑到近年来赴日留学的学生越来越多，本系列教材在编写过程中融入了许多具有日本文化特色的元素，并设置了许多贴近日本现实生活的场景。这样一来，学生便可以最大限度地通过语言学习了解并体会日本的风俗习惯与生活原貌，为赴日留学打好坚实的语言基础，并为在日本的留学生活做好文化与习惯上的铺垫。

4. 专家指导，精心呈现。

本系列教材由陕西现代日韩语职业培训学校（现代教育）组织编写，从编写之初到最终定稿一直受到日语语言学习专家王精诚教授的悉心指导，并在审稿环节不遗余力地付出了大量的精力。同时，我们还得到了日本外教熊谷惠那女士的倾力协助，使得本系列教材在内容上更具权威性，在形式上更具完整性。此外，本教材的编写得到了现代教育杨媚老师及冯俊苗、李丹、姚晓倩、李晓莉、谭丹等老师的大力支持，在此对她们表示诚挚的感谢！

作为适用于日语专业、选修日语的在校生及广大日语爱好者的日语教材，《非凡日本语》更具时代性，一定能为您的日语学习带来新的飞跃。我们期待与您同行，一起踏上日语学习的快乐旅程。

编　者

2020 年 5 月

使用说明
DIRECTIONS

一、教材概述

《非凡日本语》系列丛书作为日语教材类用书，注重从"听""说""读""写"四个方面全方位提高学生的学习效果，在编写结构上精心安排，内容上讲求精准实用。从现实交流的角度出发，涉及场景丰富，语言组织巧妙得当，不但可以在知识层面拓宽读者的视野，也会让读者在生动的会话场景中体会到身临其境的语言环境感。

二、丛书的构成

本系列丛书共由4册构成。其中1、2册为初级部分，每册25课；3、4册为中级部分，每册20课。

初级部分各课分别由"句型""例句""会话""语法说明""表达方式""练习题""新单词"和"知识点"构成。

中级部分各课分别由"句型""例句""课文""语法说明""词语与表达""练习题""新单词"和"知识点"构成。

1. 句型

用典型例句罗列本课新学句型。

2. 例句

以一问一答的简短对话形式再现新词汇、新句型的实际使用场景，加强读者对句型的理解与运用。

3. 会话（初级）

以日常生活中较为常见的生活情景为背景设置一段较为完整的会话。在运用新词汇、新句型的同时，着力体现中日生活习惯、文化礼仪方面的差异，使语言的学习与文化的理解得以同步展开。

4. 课文（中级）

结合学习内容，根据读者的学习水平，选取优秀的日语文章。所选内容题材丰富、形式多样，内容积极向上，涉及现实生活的方方面面；融语言与文化的学习为一体，学习日语写作的特点，理解日本文化的特色，为日本留学打下基础。

5. 语法说明

根据语法的难易度，每课设置 4~6 个新的语法点。用简洁精准的语言讲解语法的含义与使用规则，并配以典型例句，可达到事半功倍的效果。

6. 词语与表达

对日语中一些较难理解、易于混淆的知识点、惯用句、词汇进行重点解释。

7. 练习题

练习题在编写过程中参考了日语能力考试（JLPT）、实用日语能力考试（JTEST），以及日语 Nat 考试的出题模式，提高学生解决实际问题及应对考试的能力。

8. 新单词

对本课中出现的新单词按照出现的先后顺序进行排列，并加注了单词的声调、词性以及汉语意思。

9. 知识点

随着中日文化交流的进一步深入与赴日留学的学生日益增多，增进对日本社会文化、留学生活常识等方面的了解就成了一种趋势。为此，本书在构成上特别增设了"知识点"环节，以供大家参考学习。

"工欲善其事，必先利其器。"了解《非凡日本语》系列丛书的编写特点，有利于合理规划日语的教学与学习。

第1課　一度きりの人生を幸せに生きる ………………………………… 1

第2課　僕の妹 ……………………………………………………………… 17

第3課　日本における少子高齢化問題 …………………………………… 30

第4課　マヨネーズ瓶と2杯のコーヒー ………………………………… 47

第5課　日本人の性格 ……………………………………………………… 61

第6課　「海賊王に俺はなる」 …………………………………………… 77

第7課　赤ん坊でも、こけたら立つぞ …………………………………… 90

第8課　日本語ってどんな言葉？（1） ………………………………… 102

第9課　日本語ってどんな言葉？（2） ………………………………… 116

第10課　「○○のせいで」と「○○のおかげで」……………………… 128

第11課　立つ鳥は跡を濁さず …………………………………………… 141

第12課　ずっと変わらぬ美味しさ ……………………………………… 158

第13課　血液型占いの根拠と信頼度 …………………………………… 175

第14課　世界平和及び人口問題 ………………………………………… 193

第15課　名付けの力 ……………………………………………………… 210

第16課　店構えからして美味しい雰囲気が漂うお店 …………… 223

第17課　他人百姓 …………………………………… 236

第18課　一人につき3 000万円!? …………………… 247

第19課　今自分たちにできること ……………………… 263

第20課　白蛇伝 ……………………………………… 276

附録（詞汇表）……………………………………… 292

第1課　一度きりの人生を幸せに生きる

1. 娘が結婚してから、夫と二人きりの生活を始めた。
2. 貧しいながら、楽しい我が家。
3. 何をきっかけにして、日本語を勉強し始めたんですか。
4. 博物館へ行き、見学をし、学校に戻ってきた。
5. 私は卓球、バドミントンといったスポーツが好きです。

1. A：もしもし、田中君、今晩二人きりで会わない？話したいことがあるんだけど。

   B：二人きりで？何かいいことでもあるの？

2. A：ちょっと、五千円貸してくれない？

   B：五千円？僕が貸してあげられるのはこれっきりだよ。

3. A：新しいアパートはどうですか。

   B：そうですね。都心にありながら、静かです。

4. A：どんな茶箪笥が欲しいですか。

   B：素朴ながらも、洗練されたデザインのがあれば、手に入れたいんですが。

5. A：佐藤さんは営業部の山本さんと付き合ってるんですか。

   B：ううん。去年、会社のパーティーをきっかけに、彼と親しくなりましたけど、付き合ってはいません。

6. A：英語がお上手ですね。勉強を始めて何年になりますか。

   B：ありがとうございます。わたしは学生時代から英語が好きで、結婚して専業主婦になったことをきっかけに、英会話教室に通うようになり、もうかれこれ十何年になります。

7. A：バスが揺れるから、手摺りか吊革にしっかりと掴まってください。

   B：はい。

8. A：先生、この言葉の使い方がよく分からないのですが、どう使えばいいでしょうか。

   B：この言葉ですか。では、具体的な例を挙げて説明します。

第1課　一度きりの人生を幸せに生きる

本文

一度きりの人生を幸せに生きる

　一度きりの人生、あなたは幸せに生きていますか。日々、満足感と充実感、そして幸せを感じていますか。せっかくの一度きりの人生だから、もっと楽しく幸せに生きなければ。

　父と弟の死、子供の誕生をたてつづけに経験し、少しだけ人生観が変わりました。

　現在、森の中の小さな家で妻と3人の幼い子供の5人で仲よく暮らしています。周りの田園風景と自然は本当に美しく、風景を見ているだけでも心が和んできます。家の周りにはアカシアの木が多く、春になると白い花が咲き、それを天ぷらにして食べるのですが、それを覚えていた娘は2歳の冬、こんなことを言いました。

　娘：「いつ、3歳になるの。」

　父：「春になったら、3歳になるんだよ。」

　娘：「じゃあ、アカシアの花が咲いたら3歳になるね。天ぷら食べようね。」

　幼いながらも、季節、時間の移り変わりを周りの自然の変化で感じています。娘の感性に感心し、自然の中でのびのびと育っていく子供の姿に幸せを感じています。

　森の中の住人たちは、とてもよい人が多く、なにげないコミュニケーションに、心が温かくなります。特に同じくらいの子供を抱えた、うちも含めた4家族では、4家族共同で皆の子供を育てている感覚です。

　たとえば、あるお家にそれぞれの子供を連れてお母さんが集まります。二人のお母さんで子供たちを思いっきり遊ばせて、残りの二人のお母さんで、ご飯の支度をして皆でご飯を食べます。そのあと、子供たち皆でお風呂に入って、

それぞれの家に帰るといった具合です。

　わたしの森の中の小さな家には友人や隣人など、毎日のように誰かが訪れ、とても楽しく、にぎやかです。こんな環境と生活、人間関係、ライフスタイルにとても満足し、毎日、幸せを感じて過ごしています。

　自分の人生の中で本当に手に入れたかったものは手に入れたと思っています。あと足りないものといえば、お金くらいでしょうか。

　幸せには色々な形があると思います。人それぞれ幸せの形は違うでしょう。私はたまたま田舎で家族や隣人、友人とのんびりと過ごす今の生活に幸せを感じていますが、逆にビジネスの最前線に身を置いて、緊張と達成感の中で幸せを感じている人もいるでしょう。

　私には様々な友人がいます。ごく普通の会社員、ビジネスマン、会社経営者、医者、学者、フリーター、弁護士、学生の方々等々、皆それぞれ世界は違いますが、話してみると、同じように悩み、もがき、満足感や充足感を求めて頑張って生きています。まったく形や手法は違っても、結局はそれぞれの幸せ探しをしています。

　世の中、「これが正しくて、これが間違っている」ということはありませんから。

　そのライフスタイルの中で幸せを感じているのならよいのです。ただ、わたしには心の安定と幸福感がなかったというだけです。

　父と弟の死をきっかけに、わたしは立止まり、生きる意味を考え、人生の価値は仕事でも社会的な名声でもなく「どのように楽しく幸せを感じて生きるか」だと思うようになりました。

　これは、あくまでも、わたしが求める幸せの形です。あなたの求める幸せの形とは違うかもしれません、むしろ、違って当然だと思います。ただ、少しだけ立ち止まって、あなたの人生の幸せを考えていただければ幸いです。

第1課　一度きりの人生を幸せに生きる

当たり前ですが、人生は一度きりですから。

（作者：矢村やすけ）

一、〜きり

接续：　名　+きり/きりだ

解说："きり"接在名词或数量词之后，表示对范围的限定，意思上相当于汉语中的"仅仅"，口语中常以"〜っきり"的形式加强语气，常见的有"これっきり""それっきり""あれっきり"等。

例
- ▶娘が結婚してから、夫と二人きりの生活を始めた。

  （女儿结婚之后便和丈夫开始了只有两个人的生活。）
- ▶単身赴任で、一人きりで暮らすのは寂しいよ。

  （独自一人去外地工作，只身一人的生活甚是寂寞。）
- ▶ひどいね。あなたを許すのは今回きりだよ。

  （太过分了。这是最后一次原谅你。）
- ▶残ったのはこれっきりだ。

  （剩下的只有这个了。）

二、〜ながら（も）

接续：　名 –（である）
　　　　形 – い
　　　　形动 – 词干
　　　　动 – ます形
　　　　+ながら（も）

解说：除之前学过的表示"一边……一边……"之外，"～ながら"还可以表示逆接，多用来表达状态以及逻辑上的相反或相逆，也可以用「ながらも」的形式来加强语气。

例

▶ 自分のほうが悪いと知りながら、よく彼氏を咎(とが)めてしまう。

（尽管知道是自己不好，却还老是责怪男友。）

▶ あの子は子供ながら、日本文学に詳しい。

（虽然他还是个小孩，却很熟悉日本文学。）

▶ 貧しいながら、楽しい我(わ)が(や)家。

（家虽贫，却快乐。）

▶ 残念ながら、今回の会議に参加できません。

（很遗憾，这次的会议无法参加。）

三、～をきっかけにして／～をきっかけとして／～をきっかけに

接续： 名 +をきっかけにして／をきっかけとして／をきっかけに

解说：该句式表示以前项为转机引发后项新的事态变化，相当于汉语中的"以……为契机"。

例

▶ 女性は結婚などの理由をきっかけに、仕事を辞めることが多い。

（女性以结婚等理由为契机而辞职的情况很多。）

▶ 彼女は卒業をきっかけとして、別の都市へ行って、新たな生活を始めた。

（她以毕业为契机，去了别的城市，并开始了新的生活。）

▶「東京ラブストーリー」というドラマをきっかけに、日本のことに興味を持ち始めた。

（以电视剧《东京爱情故事》为契机，开始对日本感兴趣。）

第1課　一度きりの人生を幸せに生きる

▶何をきっかけにして、日本語の勉強を始めたんですか。

（你是以什么为契机开始学习日语的呢？）

一、加"と"的副词

日语中许多表示状态类的副词，特别是拟声拟态类副词，在后接用言时一般需要后接接尾词"と"，表示某种状态。

也有某些副词在连接名词时需要以"～たる"的形式来修饰名称，一般统称为"タルト型"文语词汇。

例

▶のびのびと育つ子を見て、幸せだなと思っている。

（看着孩子茁壮成长，觉得很幸福。）

▶あの人はすらすらと日本語が話せる。

（那个人可以流利地说日语。）

二、书面中顿形

之前我们学习过动词的"て形"可以用来表示连接几个动词以表示停顿；形容词以"～くて"的形式表示停顿，而在较为郑重的书面表达中，动词可以用连用形（即"ます"形去掉"ます"）表示停顿；形容词也可以用"形容词词干+く"的形式表示停顿。

例

▶博物館へ行き、見学をし、学校に戻ってきた。

（去博物馆、参观学习，之后返回学校。）

▶ 秋は風が涼しく、雨が多く、いい季節である。

（秋天凉风习习，雨量充沛，是个好季节。）

▶ 台風(せっきん)が接近しているらしく、雨風(あめかぜ)が強まってきた。

（似乎台风正在逼近，风雨变得猛烈起来。）

▶ 去年は暖冬(だんとう)であり、雪もなく、全然寒くなかった。

（去年是个暖冬，也没有雪，一点都不冷。）

三、～といった～

"～といった～"与"～という～"所表达的意思相近，只是在"～という～"所表达的"所谓……"的基础上增添了列举与示例的含义，意思上相当于汉语中的"像类似所谓的……"

例

▶ 私は卓球、バドミントンといったスポーツが好きです。

（我喜欢乒乓球、羽毛球之类的运动。）

▶ 「ワンピース」、「名探偵(めいたんてい)コナン」といったアニメは中国でも人気があります。

（《海贼王》《名侦探柯南》之类的动漫在中国也很受欢迎。）

▶ この大学には中国、韓国といったアジアからの留学生が多い。

（这个大学里来自像中国、韩国等亚洲地区的留学生很多。）

四、～的(てき)

"的"是日语中的造语成分，"～的(てき)"接在名词之后构成形容动词，在修饰名词时，往往也可以省略"な"构成词组，其所表达的意思具体分为三类：

第1課　一度きりの人生を幸せに生きる

1. 表示具有某种性质的……

例
- ▶ 家庭的な雰囲気（家庭的气氛）
- ▶ 抽象的な絵（抽象的画）

2. 表示关于某个方面、某个层面的……

例
- ▶ 経済的（な）支援（经济上支援）

3. 表示类似于某个事物的……

例
- ▶ ヨーロッパ的な気候（欧洲性气候）
- ▶ 日本人的な考え方（日式的思考方法）

一、请给下列画线词选择正确的读音或汉字。

1. バスの<u>吊革</u>にちゃんと掴まってください。

   ①つりかわ　　②つるかく　　③ちょうかく　　④つりわ

2. やっとこの部屋に合う<u>茶箪笥</u>が見つかった。

   ①さたんす　　②さだし　　③ちゃたんし　　④ちゃだんす

3. そのような<u>素朴</u>なデザインが気に入った。

   ①すはく　　②すっぱく　　③そぼく　　④そはく

4. お母さんは台所で晩ご飯の<u>したく</u>をしています。

   ①準備　　②支度　　③仕事　　④用意

5. 最近は仕事で忙しいですが、<u>じゅうじつ</u>感を感じています。

   ①満足　　②快楽　　③充実　　④成就

二、请选择合适的句型。

1. 残ったお金はこれ_____です。

   ①きり　　②しか　　③とか　　④で

2. あの家はお年寄りが一人_____暮らしている。

   ①だけに　　②きりで　　③きりに　　④しか

3. あの人は体が小さい_____、力が強い。

   ①ので　　②もの　　③でも　　④ながらも

第1課　一度きりの人生を幸せに生きる

4.彼はフランス人で＿＿＿＿＿、フランスの歴史をあまり知らないようだ。
　①ながら　　②あるながら　　③ありながら　　④すながら

5.結婚＿＿＿＿＿、仕事をやめて専業主婦になった。
　①をきっかけに　　　　　　　②なのに
　③に際して　　　　　　　　　④からして

三、请给下文的★处选择最合适的选项。

1.このような＿＿＿＿　＿★＿＿　＿＿＿＿　＿＿＿＿。
　①きり　　②かもしれません　　③チャンスは　　④一度

2.彼女は＿＿＿＿　＿★＿＿　＿＿＿＿　＿＿＿＿。
　①教えてくれなかった　　②あの人が
　③と知りながら　　　　　④嘘つきだ

3.日本の女性は＿＿＿＿　＿＿＿＿　＿★＿＿　＿＿＿＿ことが多いそうです。
　①仕事を　　　　　　　　②結婚を
　③きっかけとして　　　　④辞めてしまう

四、将下列汉语翻译成日语。

1.田中以退休为契机，开始参加志愿者活动了。
_____

2.大家都回家去了，剩下的只有我一个人。
_____

3.虽然知道抽烟对身体不好，但是却戒不掉。
_____

4.房间的墙壁上挂着一幅很抽象的画。
_____

5.喜欢寿司、生鱼片等日本料理的外国人多起来了。
_____

新単词

貧しい（まずしい）③	形	贫穷，贫苦
我が家（わがや）①	名	我家，自己的家
我が～（わが～）①	连体	我的……，（私の～、私たちの～的书面语表达）
都心（としん）◎	名	市中心，东京都中心区
素朴（そぼく）◎	名；形动	朴素，朴实；单纯，简单
洗練（せんれん）◎	名；他动サ	精练；讲究，文雅
英会話（えいかいわ）③	名	英语对话，英语会话
かれこれ①	副	这个那个；大概，几乎
揺れる（ゆれる）◎	自动一	摇晃，颠簸；不稳定
手摺り（てすり）③	名	扶手，杆
吊革（つりかわ）◎	名	吊环
掴まる（つかまる）◎	自动五	被捉住；被逮捕；抓住
具体的（ぐたいてき）◎	形动	具体的
満足感（まんぞくかん）④③	名	满足感
充実感（じゅうじつかん）④	名	充实感
死（し）①	名	死，死亡；死罪
立て続け（たてつづけ）◎	名	连续，接连不断
人生観（じんせいかん）③	名	人生观
現在（げんざい）①	名	现在，目前，当下
森（もり）◎	名	森林，树林
幼い（おさない）③	形	幼小，年幼；幼稚不成熟
田園風景（でんえんふうけい）⑤	名	田园风景

第1課　一度きりの人生を幸せに生きる

和む（なごむ）②	自動五	（表情）平静，温柔；（气候）温和
移り変わり（うつりかわり）⓪	名	变化，变迁
変化（へんか）①	名；自動サ	变化，变更
感性（かんせい）①⓪	名	感性
のびのび③	副	舒畅，悠然自得；轻松愉快
堂々（どうどう）③⓪	副	堂堂，坦荡
住人（じゅうにん）⓪	名	居民
何気ない（なにげない）④	形	无意，若无其事的
抱える（かかえる）⓪	他動一	抱，夹；承担；雇用
含める（ふくめる）③	他動一	包含，包括；嘱咐，告知
共同（きょうどう）⓪	名；自動サ	共同
育てる（そだてる）③	他動一	养育，培育；教育，培养
感覚（かんかく）⓪	名；自動サ	感觉，知觉
残り（のこり）③	名	残余，剩余
具合（ぐあい）⓪	名	情况，状况；方便，合适
隣人（りんじん）⓪	名	邻居，街坊
ライフスタイル⑤	名	生活方式
満足（まんぞく）①	名；形動；自動サ	满足，心满意足；完善，完美
手法（しゅほう）⓪	名	手法，方法
手に入れる（てにいれる）①+⓪	慣用語	到手，据为己有
最前線（さいぜんせん）③	名	最前线，第一线
達成感（たっせいかん）③	名	达成某事获得的满足感，成就感
たまたま⓪	副	偶然，偶尔，碰巧

学者（がくしゃ）⓪	名	学者，有学问的人
フリーター②	名	自由职业者
もがく②	自动五	挣扎，折腾；焦急，急不可耐
充足（じゅうそく）⓪	名	满足
安定（あんてい）⓪	名；自动サ	安定；稳定，不摇晃
幸福感（こうふくかん）⑤	名	幸福感
立ち止まる（たちどまる）⓪④	自动五	站住，止步，停住脚步
価値（かち）①	名	价值
名声（めいせい）⓪	名	名声，名誉，声望
幸い（さいわい）⓪	名；形动；副	幸运；幸好
あくまで①②	副	无论如何；……到底
むしろ①	副	与其……倒不如……
当たり前（あたりまえ）⓪	形动	当然，理所应当；普通，一般
単身赴任（たんしんふにん）⑤	连语	单身赴任，独自在外工作和生活
咎める（とがめる）③	自他动一	指责，责备；内心觉得痛苦
すらすら①	副	流畅，流利，顺利
見学（けんがく）⓪	名；他动サ	参观，参观学习
接近（せっきん）⓪	名；自动サ	接近，靠近
雨風（あめかぜ）③①	名	风雨，风雨交加
暖冬（だんとう）⓪	名	暖冬
バドミントン③	名	羽毛球
アジア①	名	亚洲
抽象的（ちゅうしょうてき）⓪	形动	抽象的

第1課　一度きりの人生を幸せに生きる

支援（しえん）⓪　　　　　名；他动サ　　支援，出力帮助

気候（きこう）⓪　　　　　名　　　　　　气候

嘘つき（うそつき）②　　　名　　　　　　说谎，撒谎（的人）

日本浴衣花纹中的意义

　　一到夏季,在日本大街上经常能看到穿着浴衣的男女。大家有没有注意到浴衣上的花纹呢?日本浴衣花纹多种多样,并且每一种花纹都包含自己特有的绝妙寓意。

　　常见的浴衣花纹有牡丹、樱花、桔梗等。其中牡丹花纹的花语是"王者风格""富贵""高贵""壮丽""幸福"。日本有句谚语"立てば芍薬、座れば牡丹、歩く姿は百合の花",其意思是"立如芍药,坐若牡丹,行犹百合"。所以牡丹是美丽女性的象征。

　　樱花花纹:樱花花语是"容貌美丽的女子""纯洁""淡泊"。

　　桔梗花纹:桔梗花语是"永远的爱""诚实""顺从""清秀""秀丽"。一直为日本人所喜爱的桔梗,在战国时代被明智光秀、加藤清正等有名武将作为家徽使用。桔梗代表的花语其实最适合日本人。而且桔梗代表的是秋天的花,所以夏季快结束时作为浴衣花纹特别合适。

　　除了以上三种,浴衣花纹还有山茶花、椿、燕子、金鱼、瞿麦、蝴蝶、芍药等等。

　　如果有机会穿上浴衣,大家可以根据花语选择花纹,那样你的心情也不一样哦。

第 2 課　僕の妹

1. あの 2 人は双子(ふたご)だから、よく似ているわけだ。
2. 年を取ると、だんだん忘れっぽくなってくる。
3. いつもはバスで家へ帰りますが、時々タクシーで帰ることもあります。
4. 春が早く来てほしい。

1. A：田中さんは転職したらしいですよ。

   B：そうなんですか。だから、引っ越しをしようとしているわけですね。

2. A：ビザは来週必ず下りてくるでしょう。

   B：いや、100パーセントという保証がありませんから、遅れることもあるわけです。

3. A：このお酒、ちょっと水っぽくない？

   B：まあ、これ、アルコール分の少ないものだから、そう感じるのだろう。

4. A：今年の新人はどうですか。

   B：そうですね。入社したばかりで、まだ学生っぽいところが見られますが、とにかくまじめに頑張っています。

5. A：夕食はいつもお家で食べてるんですか。

   B：そうですね。大体の場合は帰って、家族と一緒に食卓を囲んで食べますが、たまには外で食べることもあります。

6. A：先日、山田さんにメールを送ったんだけど、まだ返事が来ていない。おかしいなあ。

   B：時には、パソコンのトラブルなどで、メールが届かないことがあるから、電話で聞いてみたほうがいいよ。

7. A：田中君、この製品の説明書、午後3時までに英語に訳してほしい。会議で使うから。

   B：はい。分かりました。

8. A：はやく夏休みが来てほしいなあ。そうしたら、毎日でも海水浴に行けるし。

   B：そうだね。夏と言えばやはり海。僕も海水浴に行きたいなあ。

第2課　僕の妹

僕の妹

　僕には妹がいる。もうすぐ2歳になる。わがままでマイペースでどうしようもない。そして超アホウだ。なぜなら、鼻をほじっているのに、くしゃみをして指をべとべとにして、その手を僕につけてきたりする。最低だ。

　僕が宿題をしていると、奴がやってきて、ドリルを破ったり、ノートに落書きしたりする。邪魔だ。

　テレビを見ていても、自分の好きなアニメに替えろと喚くし、ゲームをしていれば、むりやり横取りして苛められる。最悪だ。

　寝転んでいる僕の腹に跨り、ジャンプしたり、立とうとしたり、顔を目掛けて、倒れ込んだりしてくる。凶暴だ。

　でも、妹が笑うと、こっちまで楽しくなってくる。結局憎めない。されるがままの僕。情けない、僕もアホウだ。わがままなわけだ。

　でも妹の笑顔はかわいい。だから仕方ない。少しずつ髪の毛が伸び、おでこが隠れ、やっと、本当にやっと、女っぽくなってきた。言葉も少しずつ覚え、会話もできるようになり、歌も歌えるようになったし、手遊びもできるようになった。二人で遊べることも増えた。遊び相手ができてうれしい。

　一緒にいる時は離れたいと思うこともあるけど、そばにいないとさみしくなる。やっぱり家族だ。

　僕がまだ小さかった頃、お母さんに「僕は生まれる前は、空の上にいて、ずっとママのことを見ていたんだよ。そしてママを選んで降りてきたんだよ」と言ったらしい。もしかしたら、妹もそうなのかもしれない。だとしたらうれしい。僕たちの家族を選んでくれてありがとう。

妹が来てくれたから、僕はお兄ちゃんになれたし、毎日が前よりもっともっと楽しくなった。

　僕の名前を呼んで、抱(だ)きついてくることがある。そんな時幸せな気持ちになる。こういう時に、妹がいてくれてよかったと思う。

　暴(あば)れるし、泣くし、喚くし、最低(さいてい)な妹だけど、僕にとっては最高(さいこう)の妹だ。僕のところに来てくれてありがとう。

　これからも大きく元気に育ってほしい。

（作者：飯野魁乙）

一、〜わけだ

接続：
```
名+（な/である）
形 – 基本形
形動 – な
動 – 基本形
```
＋わけだ

解说：该句式用于表示从前项事实或状况等合乎逻辑地推导出后项的结论，意思上相当于汉语中的"自然……"，也可以不用翻译。

例
- 時差(じさ)は一時間あるから、中国が１時なら、日本は２時なわけだ。

（因为有一小时的时差，所以中国若是１点的话，日本自然就是２点。）

- 木村さんは中国に10年もいたから、中国のことに詳しいわけだ。

（木村在中国已经十年了，很自然地也就比较熟悉中国的事情。）

- あの２人は双子だから、よく似ているわけだ。

（那两个人是双胞胎，自然长得像。）

第 2 課　僕の妹

▶ 李さんは日本語学部の 4 年生だから、日本語が上手なわけだ。

（小李是日语系的四年级学生，日语自然说得好。）

二、～っぽい

接续：

| 名词 |
| 形容词词干 | ＋っぽい |
| 动 - ます形 |

解说："っぽい"接在某些名词后表示较浓烈地带有该名词所具有的性质、状态、成分、特征等，可翻译为"像……一样"。

接在某些动词"ます"形后表示经常发生该动词的状态等，可翻译为"易……"。此外，"っぽい"也会接在某些形容词词干后，表示带有该性质状态方面的倾向。

注意："～っぽい"词性是形容词。

例

▶ あの白っぽいジャケットを着ている人は田中さんでしょう。

（那个穿着泛白夹克的人就是田中吧。）

▶ 年を取ると、だんだん忘れっぽくなってくる。

（一上年纪，就会渐渐变得健忘。）

▶ あんな子供っぽい男と一緒に暮らすことができない。

（无法跟那样孩子气的男人一起生活。）

▶ 大金（たいきん）を払って買ってきたのに、なんだか安っぽく見える。

（明明是花大价钱买来的，不知道怎么的，看起来很便宜。）

三、～ことがある / こともある

接续：

| 动 - 基本形 | ＋ことがある / こともある |
| 动 - ない形 |

解说：该句式表示时不时也会有某种情况或行为的发生（不发生），经常会

与"たまに""時々"等一些副词搭配使用。

> 例

▶ いつもはバスで家へ帰りますが、時々タクシーで帰ることもあります。

（平时一般是坐公交车回家，不过有时也会坐出租车回。）

▶ たまにはラジオで日本語のニュースを聞くこともある。

（偶尔会用收音机听一下日语新闻。）

▶ 仕事で疲れたときは、料理を作りたくないことがあります。

（工作累了的时候，也会不想做饭。）

▶ 最近毎日遅くまで残業して、たまにはお風呂も入らないで、寝ることがあります。

（最近每天都加班到很晚，偶尔也会不洗澡就睡觉。）

四、～てほしい

接续：　动て形　+ ほしい

解说：该句式表示说话人的希望与要求。意思上接近于汉语的"我希望……"。句型上基本接近"～てもらいたい"。

但是，因为"～てもらいたい"表示说话人希望对方为自己做某事，而"ほしい"只是单纯表示说话人的愿望，因此当说话人仅仅表示希望某种状态的产生，而与听话人无关时，不能与"～てもらいたい"互换使用。

> 例

▶ 大好きだよ。ずっとそばにいてほしい。

（我很喜欢你，希望你一直待在我身边。）

▶ よければ、木村さんの電話番号を教えてもらいたいんですが。

（可以的话，希望你能告诉我木村的电话号码。）

▶ 春が早く来てほしい。（希望春天可以快点来。）

▶ 授業が早く終わってほしい。（希望早点下课。）

一、超～（ちょう～）

"超～"是接头词，一般接在某些形容词和形容动词的前面，表示"极其的……"。注意这种说法比较口语化，有时会显得过分随意，语气上接近于汉语中的"特……""超级……"。

例

▶ これ、超まずい。（这个超级难吃。）

▶ 今日は超忙しい。（今天特别忙。）

▶ 超かわいい。（超级可爱。）

二、どうしようもない

"どうしようもない"是常见的惯用表达，表示束手无策，毫无办法。类似表达还有："どうすることもできない""どうにもできない""どうにもならない"等。

其中"どうしようもない"和"どうすることもできない"多用来表示没有解决的办法；而"どうにもできない"和"どうにもならない"重在强调无论怎么去做都无法从结果上使事态变好。

一、请给下列画线词选择正确的读音或汉字。

1. 凶暴な犬に噛まれてしまった。
   ①きょくぼう　　②きょうぼう
   ③きょうぼく　　④きょくぼく

2. 赤ちゃんがバスの中で喚いていた。
   ①かわいて　②さけいて　③わめいて　④ささやいて

3. それは事実かどうか保証はできない。
   ①ほしょう　②ほうしょう　③ほしょ　④ほうしょ

4. 馬にまたがっている人は宮本さんです。
   ①騎って　②乗って　③跨って　④越って

5. 大雨(おおあめ)で川があばれている。
   ①暴　　②増　　③激　　④潮

二、请选择合适的句型。

1. 普段はあまり車を運転していないから、苦手＿＿＿わけだ。
   ①だ　　②な　　③に　　④の

2. 幸せそうな夫婦(ふうふ)ですが、時々喧嘩を＿＿＿ことがあります。
   ①する　　②した　　③しない　　④して

3. あの白＿＿＿帽子をかぶっている男は誰ですか。
   ①らしい　②げ　　③そう　　④っぽい

4. 暑いですね。早く雨が降って_____。

　①ほしい　　②もらいたい　　③ください　　④いい

5. あの人は怒り_____性格で、付き合いにくい。

　①やすい　　②っぽい　　③たい　　④らしい

三、请给下文的★处选择最合适的选项。

1. 今は_____ _____ _____ ____★____ことができる。

　①によって　　　　　　　　②買う
　③飛行機や列車のチケットを　④インターネット

2. 汚れがすぐに_____ ____★____ _____ _____。

　①わかる　　　　　　　　②白っぽい服を着る
　③ことにしています　　　④ように

3. 木村さんのような_____ _____ ____★____ _____。

　①自分のそばにいてほしい　②優秀な人が
　③と思う　　　　　　　　　④永遠に

四、将下列汉语翻译成日语。

1. 科长叫我，我自然就来了。

_____

2. 虽然平时不怎么运动，但偶尔也会跑个步。

_____

3. 对他说出了那么过分的话，他当然要生气了。

_____

4. 你不觉得这咖啡淡得像水吗？

_____

双子（ふたご）⓪	名	双胞胎，孪生子
ビザ①	名	签证
下りる（おりる）②	自动一	（签发、审批）下，下降
保証（ほしょう）⓪	名；他动サ	保证，担保；承担责任
可能（かのう）⓪	名；形动	可能
アルコール⓪	名	乙醇；酒精；酒
食卓（しょくたく）⓪	名	饭桌，餐桌
囲む（かこむ）⓪	他动五	围，包围；
トラブル②	名	纠纷，麻烦；故障，事故
海水浴（かいすいよく）③	名	海水浴，在海中游泳
もうすぐ③	连语	即将，不久，很快就要
わがまま③④	名；形动	任性，放肆
マイペース③	名	自己的节奏
阿呆（あほう）②	名；形动	愚蠢，傻事；傻子
穿る（ほじる）②	他动五	挖，抠
くしゃみ②	名	喷嚏
べとべと①⓪	副；形动；自动サ	黏糊糊，发黏
最低（さいてい）⓪	名；形动	最低；最次
ドリル①②	名	练习集，练习册
破る（やぶる）②	他动五	弄破；破坏，损坏；打破
落書き（らくがき）⓪	名；自动サ	涂鸦，胡乱涂写
替える（かえる）⓪	他动一	调换，更换

第2課　僕の妹

喚く（わめく）②	自動五	叫唤，喊叫
むりやり⓪	副	硬干，强行，勉强做
横取り（よこどり）⓪	名；他动サ	抢夺，夺走
最悪（さいあく）⓪	名；形动	最坏，最糟，最不利
寝転ぶ（ねころぶ）③	自動五	随便躺下，一骨碌躺下
腹（はら）②	名	腹，肚子
跨る（またがる）③	自動五	跨，骑；跨越，横跨
ジャンプ①	名；自动サ	跳起，跳跃
目掛ける（めがける）③	他动	瞄准，对准目标
倒れ込む（たおれこむ）④	自動五	倒下
凶暴（きょうぼう）⓪	名；形动	凶暴，残暴
憎む（にくむ）②	他动五	憎恨，怨恨，讨厌
情けない（なさけない）④	形	可叹的，窝囊的
伸びる（のびる）②	自動一	生长，伸长；增加，上升
おでこ②	名	额头，脑门
隠れる（かくれる）③	自動一	遮蔽，遮掩，隐藏
手遊び（てあそび）②	名	手拿着玩，把玩
だとしたら①+②	接	如果是这样，要是这样的话
抱きつく（だきつく）③	自動五	抱住，搂住
最高（さいこう）⓪	名；形动	最高；最好，最佳
暴れる（あばれる）⓪	自動一	闹腾，胡闹，乱闹

時差（じさ）①	名	时差
大金（たいきん）⓪	名	巨款，大钱，巨额金钱
大雨（おおあめ）③	名	大雨，暴雨
夫婦（ふうふ）①	名	夫妇，夫妻
列車（れっしゃ）⓪①	名	列车，火车
インターネット⑤	名	因特网，互联网
永遠（えいえん）⓪	名；形动	永远

知 识 点

日本校服

水手服（セーラー服）其实是由英国海军于1857年设计的，19世纪作为女学生的制服广泛流传到欧洲各地，之后传播到日本，并成为日本历史最悠久且一直延续至今的校服。

虽然水手服历史悠久，但是在现代高中生中最受欢迎的却是西装（ブレザー）。西装的流行开始于20世纪90年代。当时关于"是否应该让校服越来越可爱"这个问题在各个学校之间产生了很大的分歧。于是，2009年，在首都圈的高中学校间做了关于制服种类的调查。调查表明当时穿着西装的学校占87%，穿着水手服的学校占9%。之后校服的流行趋势就逐渐统一成了西装。

不管是水手服还是西装，校服可分为上衣、裙子、衬衣、领带、袜子、毛衣和大衣。除此之外，鞋子也有统一的要求。

鞋一般要准备两种：上下学用的鞋（皮鞋或运动鞋）和校内穿的鞋（白色胶底）。

第3課　日本における少子高齢化問題

1. 社会における女性の地位が向上した。
2. 説明するとともに、みんなの意見を聞いた。
3. 会社は不況によって経営が悪化してしまった。
4. もう時間がないから、タクシーで行くしかない。
5. 今度こそ試合に勝ちたい。
6. 三年前ここはパチンコ屋であった。

第3課　日本における少子高齢化問題

1. 現在、ビジネスの場において、コミュニケーション能力が大きく評価されている。では、「ビジネスにおけるコミュニケーションの目的」はいったい何なんだろう。
2. 去年3月に、日常生活におけるインターネットの必要性について、インターネット利用者に、アンケート調査を行った。その結果、3人に2人が日常生活にインターネットは「必要不可欠」と考えているようである。
3. 事故により、交通が何時間も麻痺状態となった。
4. 電話によるお問い合わせなどは、内容の正確な確認とサービス向上のため録音させていただきます。
5. 大阪は東京とともに日本経済の中心地である。
6. この川は周辺が工業地帯として開発されるとともに、河川の汚染も進んで、人が近づかないような川になってしまった。
7. A：日本語の勉強はますます難しくなってきたような気がするけど。
   B：まあ、そうかもしれないが、ここまで来たら、もう頑張るしかないね。
8. A：僕、あの俳優のような名人になりたいなあ。
   B：そうか。でも、おそらく平凡こそが幸せだとわたしは思う。
9. A：夏至というのはどういうことですか。
   B：夏至とは、一年で最も昼が長い日のことです。つまり、太陽が最も長く出ているということです。この日を過ぎると、本格的な夏が始まります。

日本における少子高齢化問題

我が国では、少子高齢化が深刻な問題となっている。

しかし、人口の減少というのはそれほど悪いことばかりなのであろうか。

一昔前は逆に人口爆発が問題だとされた。そのために、中国では一人っ子政策がとられた。

人口爆発が問題となったのは戦争による人口の急激な減少があり、「産めよ」「増やせよ」と言う政策がとられたからである。

このように、人口問題というのは、その時その時の時代背景によって変わってきたのである。一概に、少子高齢化が悪いとか、人口爆発は問題だとか、そういうようなことではない。

問題は人口年齢構成の変化による高齢化なのである。高齢化が進み、人口構成は大きく変わり、人々の所得に大きな影響を与えている。

高齢化問題の本質は労働年齢にある。労働年齢というのは、働ける年齢である。

少子高齢化が進めば、働けない人口が相対的に増加し、国家の負担が大きくなる。つまり、少子高齢化問題の本質は労働力の減少である。

もっと言えば、高齢化の問題は、いかに生きるかの問題であって、経済の問題だけでは解決できない。

老いても、収入があれば、何とか生活していける。問題は自分の働きによって収入が得られない。それが老いである。

資産は時間とともに目減りしていく。働けなくなれば収入は得られなくなる。そうなると年金だけしか頼りにならなくなる。年金だけでは不足したら、破綻するしかない。それこそが老いの恐怖なのである。

老いの恐怖というのは、経済的な意味で言うと、支出が増えているのに、収入の道が閉ざされることにある。それが経済に深刻な影響を与えている。また、国家経済の最終的な状態をも暗示している。国家も老いるのである。

この問題にどう取り組むかが高齢社会においては避けては通れないことな

第3課　日本における少子高齢化問題

のである。

　経済とは、生きるための活動を言うのである。人の一生を金で買うことは出来ない。生きることの真実(しんじつ)は、経済行為の背後(はいご)にある。大切なのはいかに生きるかである。

　生き甲斐という観点(かんてん)からも高齢者が働ける環境を作(つく)り上(あ)げることが肝心なのである。

　現代(げんだい)社会は、若者には優しいが、年寄りには冷淡(れいたん)である。残酷(ざんこく)である。

　若者に生き甲斐や経済があるように、年寄りにも、生き甲斐や経済がある。

　神は、生きる者全てに幸せになる権利を与えている。年寄りであっても幸せになる権利(けんり)はある。働く権利もあるのである。

（wikipediaによる）

一、～において／～においては／～においても／～における～

　接続：　名　+において／においては／においても／における

　解説：接在表示场所、时间、场合、状况等名词之后，表示事件发生或某种状态存在的背景。"において"一般可用助词"で"替换，而"における"则可以用"での"进行替换。区别在于"において"和"における"语气上更为郑重，因而多用于书面表达。意思上接近与汉语中的"在……方面"以及"在……时间点""在……地方……"。

▶ 社会における女性の地位が向上した。（社会中女性的地位提高了。）

▶ このカメラはデザインだけでなく機能においても優れている。

　（这个照相机不仅设计好，性能方面也不错。）

▶2016年における離婚の人数は前の年の2.3倍になった。
　　　　　　　　　　　りこん　にんずう　　　　　　　　　ばい

（2016年离婚人数是前一年的1.3倍。）

▶会議は二階の会議室において行われる予定です。

（会议预定在二楼的会议室举行。）

二、～とともに

接续：| 名 / 动－基本形 | ＋とともに

解说：普通名词后接"とともに"，表示与其一起、共同做某事，与"一緒に"相比，语气郑重，属于书面性表达。

发展变化的动作性名词或动词基本型后接"とともに"表示后项事物随着前项变化的同时发生变化。

例

▶家族とともに、日本で楽しく暮らしていきたいと思います。

（想跟家人一起在日本愉快地生活下去。）

▶引っ越しとともに、新しい炊飯器を買いました。

（搬家的同时，买了一个新的电饭煲。）

▶説明するとともに、みんなの意見を聞いた。

（说明的同时，听取了大家的意见。）

▶年を取るとともに、耳が遠くなってきた。

（上年纪的同时，听力下降了。）

三、～によって／～により／～による

接续：| 名 | ＋によって／により／による

第3課　日本における少子高齢化問題

解说：名词后接"によって／により／による"可以表示以下两种情况。

1. 表示导致后项结果的直接原因。意思上相当于汉语中的"因……而……""由于……而导致（的）……"。

例

▶ 地震によって、多くの家屋が倒れてしまいました。

（由于地震，许多房屋倒塌了。）

▶ 電車は事故によって１時間も遅れてしまった。

（由于事故，电车晚点了一个小时。）

▶ 会社は不況によって経営が悪化してしまった。

（因为经济不景气，公司的经营状况恶化了。）

▶ 言葉の時代による変化について研究している。

（研究语言因时代而导致的变化。）

2. 名词或动词基本型+"こと"，后接"によって／により／による"，表示"以此为依据、根据……的方式、方法、资料、手段、情况"等。意思上相当于汉语中的"通过……""根据……"。

例

▶ アンケート調査によって、若者の考えが分かりました。

（通过问卷调查，了解到了年轻人的想法。）

▶ 一生懸命に練習することによって、会話が上手になってきた。

（通过拼命练习，会话水平提高了。）

▶ 車による通勤は便利だが、環境保護（ほごめん）の面においてはよくない。

（开车上班虽然方便，但是在保护环境方面却是不好的。）

▶ 社員全員の協力により、今回の新製品のプレゼンは無事に完了（かんりょう）できた。

（通过公司全体员工的共同合作，此次新产品的说明会顺利结束。）

四、～しかない

接续： 动－基本形 ＋しかない

解说：该句式表示除了进行前项动作之外别无他法，意思上接近汉语中的"只有……""只得……""只能……"。

例

▶ 誰も助けてくれないなら、自分一人で解決するしかない。

（谁也不帮我的话，只能自己独自解决。）

▶ もう時間がないから、タクシーで行くしかない。

（已经没时间了，所以只能坐出租车去。）

▶ 試験に合格できなかったので、追試(ついし)を受けるしかない。

（由于考试没及格，只能参加补考了。）

▶ 病気になってしまい、旅行をやめるしかなかった。

（生病了，只得放弃旅行。）

五、～こそ

接续： 名 ＋こそ

解说：名词后接"こそ"表示对前项事物的强调，表达不是其他而就是……，意思上相当于汉语中的"就是……""……才"。

例

▶ A：どうぞよろしくお願いします。

（请多多关照。）

B：こちらこそ。よろしく。

（我才要请您多多关照。）

▶ 時間こそ全てを解決してくれる鍵です。

（时间才是解决一切的关键。）

▶ 今度こそ試合に勝ちたい。

（就想在这一次赢得比赛。）

▶ これこそ私がずっとほしいと思っていたものです。

（这才是我一直想要的东西。）

▶ 好きこそ物の上手なれ。

（喜欢方能擅长。）

一、"だ・である"体与"です・ます"体

日语文章根据其结句方式，大体可以分为"だ・である"体与"です・ます"体两大类。

"である"是"です"和"だ"的郑重表达形式（"であろう"是"だろう"的郑重表达形式）。以"だ・である"结句的方式写成的文体称之为"だ・である"体，这种文体一般多用于报告、论文或语气郑重的文章。

与较为口语化的"です・ます"体相比，"だ・である"体写成的文章在词汇的运用上多采用比较简洁的书面语，词句之间的停顿也多采用较为简洁的书面中顿形式。

▶ このマンションは近くにコンビニや本屋などがあり、駅からも遠くないから、非常に便利である。

（这个公寓附近有便利店和书店等，距离车站也不远，非常方便。）

▶ 中国では、食事中何回も乾杯(かんぱい)するが、日本では、乾杯するのは普通食事の最初だけである。

（在中国，吃饭时会干杯数次，但是在日本，一般只在刚吃饭的时候干杯。）

▶ 三年前ここはパチンコ屋であった。

（三年前这里是个弹子机店。）

▶ 社会的な動物である人間はほかの動物との違い(ちが)はどこにあるのでしょうか。

（作为社会性动物的人类和其他动物的区别在哪儿呢？）

二、～とされる

解说：简体句子后接"とされる"，表达一种普遍认知，表示某种事物一般被人们看作、被人们认为……

该句式一般用在新闻报道、论文等重要文体之中，一般多以"～とされている"的形式出现。名词谓语句中的"だ"往往可以省略。

例

▶ 野菜は健康に良いとされているが、具体的にその原因は何だろう。

（蔬菜被认为是对健康有利的，但是具体来说其原因是什么呢？）

▶ 女性が太っているほうが美しいとされている国があるそうです。

（据说在有些国家，人们普遍认为女性应以胖为美。）

▶ 性格はストレスの最大の原因とされている。

（性格被认为是形成精神压力的最大原因。）

三、～とは／～とは～ということです

解说："～とは"是"～というのは"的压缩表达形式，语感却较"～というのは"郑重，多用于书面语。

第3課　日本における少子高齢化問題

"～とは"一般用于对前项事物下定义，后项多以"～ということです"的形式结句，起到前后呼应的作用，意思上相当于汉语中的"所谓……就是指……"。

例

▶ ノートパソコンとは、ノートの形をしているパソコンということです。

（所谓笔记本电脑，是指有着笔记本形状的电脑。）

▶ 花嫁修業とは、女性が結婚する前にいろいろ修業するということです。

（所谓的新娘学习就是指女性在结婚前进行的各种学习。）

▶ 単身赴任とは、家族を離れ、一人でほかの所へ行き、仕事するということです。

（所谓的单身赴任就是指离开家人，一个人去别的地方工作。）

一、请给下列画线词选择正确的读音或汉字。

1. 事故で交通が麻痺し、車が動けなくなった。
   ①まび　　　②まひ　　　③あさしびれ　　　④あさしぶ

2. わたしはこの写真を見ると、恐怖を感じます。
   ①きょうふ　　②きょうぶ　　③きゅうふ　　　④きゅうぶ

3. 赤字(あかじ)が続き、会社の経営が破綻してしまった。
   ①ほぼく　　②はさん　　③ほたん　　　④はたん

4. お金があれば幸せだといちがいには言えない。
   ①一概　　　②一階　　　③一回　　　④一外

5. 日々の生活の中で、おいを感じることが時々ある。
   ①古い　　　②旧い　　　③寂い　　　④老い

二、请选择合适的句型。

1. 足が怪我したので、今度の試合を止める_____。
   ①しかあります　　　　②しかありません
   ③だけです　　　　　　④だけあります

2. 今回の地震_____被害(ひがい)は数億円に上ると言われている。
   ①による　　②にとって　　③における　　　④によると

3. あの有名な歌手は、病気で亡くなった_____が、実際は自殺(じさつ)した可能性もある。
   ①としている　　②とした　　③とする　　　④とされている

4. これ＿＿＿＿みんながほしいと思っていたものです。

　①こそ　　　②しか　　　③こと　　　④もの

5. そのことについては、今度の会議＿＿＿＿議論しましょう。

　①において　②における　③として　④によって

三、请给下文的★处选择最合适的选项。

1. 近年、世界中の自動車メーカーが＿＿＿＿　★　＿＿＿＿　＿＿＿＿ばかりである。

　①道はまだ始まった　　　②取り組んでいるが
　③本格的な普及への　　　④電気自動車の開発に

2. 新しく＿＿＿＿　★　＿＿＿＿　＿＿＿＿覚えられる。

　①みること　②すぐ使って　③によって　④習った言葉は

3. 高齢化社会＿＿＿＿　＿＿＿＿　★　＿＿＿＿人口割合が高いことである。

　①において　②とは　③社会の人口構成　④高齢者の占める

四、将下列汉语翻译成日语。

1. 通过每天的复习，成绩提高了。
　_____

2. 没有可以商量的人，有烦恼也只能忍着。
　_____

3. 此次国际会议预定在马来西亚举行。
　_____

4. 通过网络来搜集论文的资料。
　_____

新单词

地位（ちい）①	名	地位，职位，身份
向上（こうじょう）⓪	名；自动サ	向上，进步，改善
パチンコ屋（パチンコや）⓪	名	弹子机店，帕青哥，扒金库
場（ば）①	名	场所，地方
コミュニケーション④	名	交流，沟通
評価（ひょうか）①	名；他动サ	评价，评定
目的（もくてき）⓪	名	目的，目标
必要性（ひつようせい）⓪	名	必要性
利用者（りようしゃ）②	名	使用者，用户
不可欠（ふかけつ）②	名；形动	不可或缺
麻痺状態（まひじょうたい）③	名	（交通）瘫痪状态
正確（せいかく）⓪	形动	正确，对
録音（ろくおん）⓪	名；他动サ	录音
中心地（ちゅうしんち）③	名	中心地区
周辺（しゅうへん）⓪	名	周边，周围
工業地帯（こうぎょうちたい）⑤⑥	名	工业地带
河川（かせん）①	名	河川，河流
俳優（はいゆう）⓪	名	演员
名人（めいじん）③	名	名人，能手，专家
おそらく②	副	恐怕，或许；大概
平凡（へいぼん）⓪	名；形动	平凡，庸碌

第3課　日本における少子高齢化問題

夏至　（げし）⓪②	名	夏至
最も　（もっとも）③①	副	最，頂
太陽　（たいよう）①	名	太阳
本格的　（ほんかくてき）⓪	形动	真正的，正式地
少子化　（しょうしか）⓪	名	少子化
高齢化　（こうれいか）⓪	名	老龄化
深刻　（しんこく）⓪	形动	严肃，严重
減少　（げんしょう）⓪	名；自他动サ	减少
一昔　（ひとむかし）②③	名	往昔，过去
爆発　（ばくはつ）⓪	名；自动サ	爆炸，爆发
急激　（きゅうげき）⓪	形动	急剧
産む　（うむ）⓪	他动五	分娩；生，产出
増やす　（ふやす）②	他动五	增加
背景　（はいけい）⓪	名	背景
一概　（いちがい）⓪②	副	一概，无一例外
構成　（こうせい）⓪	名；他动サ	构成，结构
所得　（しょとく）⓪	名	所得
与える　（あたえる）⓪④	他动一	授予，给予，使蒙受
本質　（ほんしつ）⓪	名	本质
労働　（ろうどう）⓪	名	劳动
年齢　（ねんれい）⓪	名	年龄
相対的　（そうたいてき）	形动	相对性的，相对地
増加　（ぞうか）⓪	名；自他动サ	增加
国家　（こっか）①	名	国家
負担　（ふたん）⓪	名；他动サ	背；承担，负担
労働力　（ろうどうりょく）③	名	劳动力

いかに②	副	怎样；多么，怎么
収入（しゅうにゅう）⓪	名	所得，收益
老い（おい）⓪②	名	年老，衰老
目減り（めべり）⓪	名；自动サ	减少，损耗；实际损失
頼る（たよる）②	他动五	依靠，依赖，仰仗
頼り（たより）①	名	依靠，依赖
年金（ねんきん）⓪	名	年金；养老金；抚恤金
破綻（はたん）⓪	名；自动サ	破绽；失败，（公司等）破产
恐怖（きょうふ）⓪①	名；自动サ	恐怖，恐惧，害怕
支出（ししゅつ）⓪	名；他动サ	支出，开支
閉ざす（とざす）②⓪	他动五	关闭，锁上；封闭，封锁
最終的（さいしゅうてき）⓪	形动	最终的，最后的
暗示（あんじ）⓪	名；他动サ	暗示
老いる（おいる）②	自动一	年老，上年纪；将尽，快要结束
避ける（さける）②	他动一	避免，逃避；回避，避开
真実（しんじつ）①	名；形动	真实情况，实情，真相
観点（かんてん）①③	名	观点，看法
作り上げる（つくりあげる）⑤	他动一	做完；伪造，虚构，炮制
現代（げんだい）①	名	现代，当代
冷淡（れいたん）③	名；形动	冷淡，冷漠；不热情
残酷（ざんこく）⓪	名；形动	残酷
生き甲斐（いきがい）⓪③	名	生存的意义
権利（けんり）①	名	权利
離婚（りこん）⓪	名；自他动サ	离婚

第3課　日本における少子高齢化問題

人数（にんずう）①	名	人数
倍（ばい）⓪	名；接尾	倍，加倍
保護（ほご）①	名；他动サ	保护
面（めん）①	名	面，方面
完了（かんりょう）⓪	名；自他动サ	完了，完结
追試（ついし）⓪	名；他动サ	补考
乾杯（かんぱい）⓪	名；自动サ	干杯
違い（ちがい）⓪	名	差异，区别；差错
花嫁修業（はなよめしゅぎょう）⑤	名	新娘课程
赤字（あかじ）⓪	名	亏损赤字
被害（ひがい）①	名	被害；遭灾
自殺（じさつ）⓪	名；自动サ	自杀
近年（きんねん）①	名	近几年，近年来
普及（ふきゅう）⓪	名；自动サ	普及
割合（わりあい）⓪	名；副	比率，比例
背後（はいご）①	名	背后

日本饮食之便当（べんとう）

"便当"这个词，最早源于南宋时期的俗语"便当"，意思是"方便、便利的东西"。日本的便当历史悠久，最早出现在古坟时代（大约4世纪～6世纪之间）。那时的便当还很简单，就是把做好的米饭在阳光下晒干，称其为"干饭"。干饭不易变质，便于携带，并且可以立即食用，因此在战国时代成了武士在战场上的军粮。桃山时代（16世纪下半叶左右）出现了现代便当的雏形，即把饭菜摆在专门的便当盒子里。当时的领主和贵族经常在赏花和看红叶时携带便当。

到了江户时代（17世纪），便当普及程度更高了。日本最常见的"幕之内"便当就出现在这个时代。幕之内便当是当时人们在剧场观赏歌舞伎表演等节目的过程中，幕间休息时吃的便当。当时的幕之内便当的确非常实用，握好的米饭都是扁圆扁圆的，一口一个刚刚好，且都经过烘烤，米饭不会干燥。菜肴也都是煮炖、熏烤的食品，不用担心会坏掉。

日本的便当种类很多，除了我们熟知的寿司便当，还有公司便当、爱妻便当等等。现在的便当在日本不但是上班族的午饭，也是人们郊游时的必备食品。日本的便当店遍布全国各地，为了方便出租车司机以及喜欢夜生活的顾客，许多店都是24小时营业。

第4課　マヨネーズ瓶と2杯のコーヒー

1. 大雪だったが、電車は遅れず、到着した。
2. わたしは自分のすべきことをしただけです。
3. ドアを開けた。すると、一匹の猫が部屋の中にいた。
4. そんなことをしたら、子供にまで笑われるよ。

1. A：あいつは失礼だなあ、さようならとも言わずに帰っていったよ。
   B：何か急用でもできたのかな。
2. A：「金持ち喧嘩せず」という諺がありますが、どういう意味ですか。
   B：いろいろな解釈がありますが、基本的には、有利な立場にある者は、その立場を失わないために、人とは争わないようにする、という意味です。
3. A：これほど頑張っているのに、どうして僕の成績が上がらないんだ。
   B：君の場合はね、もっと基礎知識をしっかり身につけるべきだよ。
4. 人はいつまで経っても、初心を忘れるべきではない。
5. A：よく「勉強は本来遊びであるべきだ」というが、競争の激しい今の時代には、そんなことも言えないね。
   B：そうだね。大学入試は受験戦争とまで呼ばれているから、そんな余裕がないね。
6. A：約束、決して忘れないように。
   B：うん、忘れないよ。
7. A：昨日は熱を出して、一日家で休んでいました。
   B：そうですか。すると、君は昨日の定例会議に出なかったのですね。
8. A：最近は忙しくて、休日まで残業しなければならない。
   B：そんなに忙しいですか。くれぐれもお体に気を付けてください。

マヨネーズ瓶と2杯のコーヒー

一人の教授が哲学の授業が始まる前に、あるものを持って学生たちの前に立った。授業が始まると、彼は黙って大きな空っぽのマヨネーズ瓶を手に取り、

第4課　マヨネーズ瓶と2杯のコーヒー

満杯になるまでその中にゴルフボールを入れていった。そして彼は学生に「この瓶はいっぱいですか」と尋ね、学生たちは瓶が満杯だと返事した。すると教授は、小石が入った箱を取り出し、その小石を瓶の中へ注いだ。彼は軽く瓶を振り、小石はゴルフボールとゴルフボールの隙間に入り込んでいった。そして彼はまた学生たちに「この瓶はいっぱいですか」と尋ね、学生たちはその通りだと頷いた。

次に教授は砂の入った箱を取り出し、それを瓶へ注いでいった。もちろんその砂は、瓶の中の隙間を埋めた。彼はまた「この瓶はいっぱいですか」と尋ね、学生は皆「はい」と答えた。

そして教授はテーブルの下から2杯のコーヒーを取り出し、砂と砂のすき間を埋めるように、器用にそのコーヒーを瓶へ注いでいった。それを見た学生たちは、大笑い。

「さて」。教授のこの言葉に笑いが止まった。

「この瓶は、あなたの人生を表しています。そしてゴルフボールは、あなたの家族、子ども、健康、友人、情熱などの重要なものを表しています。たとえ他のすべてを失っても、これら重要なものは残り、あなたの人生は依然として満ち足りている。」

「小石は、あなたの仕事、家、車レベルの重要なものを指します。」

「砂は、他の小さなものを表します。もしあなたが最初に砂で瓶をいっぱいにしてしまったら、小石やゴルフボールを入れるスペースがなくなってしまうのです。これと同じことが人生においても言えます。もしあなたが小さなことに、全ての時間とエネルギーを費やしてしまったら、あなたは決して重要なものを手にできません。」

「あなたの幸せにとって、重要なものを大切にして下さい。子どもと遊んで下さい。健康診断をきちんと受けて下さい。奥さんをディナーに連れて行っ

てあげて下さい。18歳の時の遊び心を持って下さい。掃除や物の修理など、家のことをする時間はいつでもあります。人生において重要な"ゴルフボール"を一番に大切にして下さい。優先事項を決めるのです。他のものは、単なる砂でしかありません。」

すると1人の生徒が手を挙げ、「それでは、コーヒーは何を表しているのですか」と質問した。教授は笑顔で「よくぞ聞いてくれました」と答えた。

「これはあなたの人生がいくら手一杯に見えても、友人と一緒にコーヒーを飲む余裕がいつもあることを表しています。」

いかがだったでしょうか。

小さな事柄に時間や労力を費やしてしまう、気付かずに時間に追われてしまうことはよくあることです。しかし、それらが自分の人生においてどれほど重要なものなのか、迷った時は立ち止まって、この「マヨネーズ瓶と2杯のコーヒー」を思い出してみて、この話しの中から、日々どう生きるべきかのヒントと人生の道標を見つけてほしい。

（http://tabi-labo.com/91420/bottle-and-coffee による）

一、～ず（に）

　　接续：　动词未然形　+ず（に）

　　解说："ず"是文言文助动词，表示否定，一般只用于书面语或是一些惯用表达方式，意思基本等同于口语中的"ないで"或"なくて"。

　　注意：サ变动词"～する"在变化时需要变成"～せず"。

第４課　マヨネーズ瓶と２杯のコーヒー

- 仕事があるのに、彼は残業せずに先に帰った。

  （明明还有工作要做，但他却不加班，先回去了。）

- 大雪だったが、電車は遅れず、到着した。

  （虽然下大雪，电车却没有晚点。）

- いくら辛くても、初心を忘れずに、最後まで頑張っていきたい。

  （不管再怎么辛苦，我都不会忘记自己的初衷，愿努力到最后。）

- 彼は何も言わず、タバコを吸ってばかりいます。

  （他什么都不说，只是一个劲儿地在吸烟。）

- 誰にも相談できず、困っています。

  （无法跟任何人商量，感到很困惑。）

二、～べき

接续：
| 名 –（である） |
| 形 – くある |
| 形动 – である |
| 动 – 基本形 |

＋べき / べきだ / べきではない

解说：该句式表示按理应该……，也可以是说话人表达自己的意见，认为"应该"或"必须"这样做，意思上接近于汉语中的"应该……""最好要……"，否定形式"～べきではない"则表示"不应该……""最好不要……"之意。

注意："～べき"既可以后接"だ"结句，也可以直接用来修饰名词。另外，サ变动词"する"接续"べき"时，有"するべき"和"すべき"两种形式。

- 人生はハッピーであるべきだ。

  （人生应该是快乐的。）

▶女の子は常にお洒落して美しくあるべきだという考えがあります。

（有人认为女孩子就应该时常打扮得漂漂亮亮的。）

▶わたしは自分のすべきことをしただけです。

（我只是做自己应该做的事。）

▶電車の中で大声で電話をす（る）べきではない。

（在电车里不应该大声地打电话。）

一、すると

"すると"是接续词，一般用于两种情况：第一，根据前项事件进行判断，推导出后项结论，相当于汉语中的"这么说……"。

▶A：わたしには兄弟がいません。

（我没有兄弟姐妹。）

B：すると、君は一人っ子なんですね。

（这么说，你是独生子啦。）

▶すると、君はもうそのことを知っていたのか。

（这么说，你已经知道那件事了？）

第二，表示承接前项事件，紧跟着发生了后项，相当于汉语中的"于是……""结果……"。

▶突然雨が降り出した。すると、周りが急に暗くなってきた。

（突然下起了雨，于是周围一下子暗了下来。）

▶ ドアを開けた。すると、一匹の猫が部屋の中にいた。

（打开门，结果发现有一只猫在房间里。）

▶ 社長が歌った。すると、みんなも歌いだした。

（总经理唱了首歌。于是，大家也都唱了起来。）

二、決して～ない

副词"決して"与后面的否定句式搭配使用，表示强烈否定，意思上相当于汉语中的"绝不……""绝不会……"。

▶ 君のことを決して忘れないよ。

（绝对不会忘记你的。）

▶ 彼は決して怒らない。

（他绝对不会生气的。）

▶ そんなことはもう決してするな。

（绝对不要再做那样的事情。）

三、～まで

"まで"除表示时间和空间的截止点之外，常接在名词之后（或名词＋助词＋まで），表示事物超越一般范围，甚至涉及某个更大的、一般情况之下未曾料想到的范围。

此外，"まで"也可以加在动词"て形"之后，表示为了达成后项目的，不惜采取某种极端行为，意思上相当于汉语中的"甚至连……""甚至不惜……"。

▶ 忙しくて休日まで出勤しなければならない。

（太忙了，就连休息天也不得不上班。）

▶ そんなことをしたら、子供にまで笑われるよ。

（要是做了那样的事情，就连孩子都会笑话的。）

▶ 彼は借金（しゃっきん）してまで旅行に行った。

（他甚至不惜借钱去旅行。）

▶ 体を壊してまで働く必要がない。

（不惜累坏身体地去工作是没有必要的。）

四、よくぞ

"よくぞ"是副词，"ぞ"是语气助词，用以加强语气，意思上等同于"本当によく"。多用于口语中对于别人行为的赞赏，一般不用于赞扬身份地位比自己高的人。

▶ よくぞ頑張った。

（你真是努力了啊。）

▶ よくぞ言ってくれた。

（好，说得好。）

▶ よくぞ聞いてくれました。

（好，问得好。）

第4課　マヨネーズ瓶と2杯のコーヒー

练习

一、请给下列画线词选择正确的读音或汉字。

1.「猫に小判」という諺がありますが、それはどういう意味ですか。
　　①ことば　　②うわさ　　③はなし　　④ことわざ

2. それらの事柄を別々に解決するべきだ。
　　①ことがら　　②じえ　　③ことから　　④ことえ

3. 現代社会は競争がますます激しくなっている。
　　①きょそ　　②きょうそ　　③きょそう　　④きょうそう

4. 毎日仕事におわれ、自由な時間がほとんどありません。
　　①追　　②覆　　③赶　　④負

5. この論文を完璧に書き上げるために、3年の歳月をついやした。
　　①掛　　②花　　③費　　④用

二、请选择合适的句型。

1. ボタンを押しました。＿＿＿＿、電気がつきました。
　　①すると　　②そして　　③でも　　④それに

2. 子供たちに好きな道を＿＿＿＿べきだ。
　　①歩く　　②歩かない　　③歩かされる　　④歩かせる

3. そんなことを言われたとは＿＿＿＿、かなり驚いた。
　　①思わない　　②思える　　③思われず　　④思わず

4. ホテルを予約する前にスケジュールをチェックしておく_____だ。

　　①ところ　　　②ばかり　　　③べき　　　④つつある

三、请给下文的★处选择最合适的选项。

1. 何か_____　____★____　_____　_____ください。

　　①あれば　　　②遠慮せずに　　　③おっしゃって　　　④ご質問が

2. 私は_____　____★____　_____　_____。

　　①ことを　　　②自分の　　　③言っただけです　　　④言うべき

3. 本を_____　_____　____★____　_____人が大勢いる。

　　①全然読まずに　　　　　　　②持っていても

　　③だけの　　　　　　　　　　④本棚に並べておく

四、将下列汉语翻译成日语。

1. 因为今天早上睡了懒觉，所以什么都没吃就出门了。
_____

2. 最近忙得连女朋友的生日都给忘了。
_____

3. 不管有什么理由，都不应该打人。
_____

4. 借别人的东西应该及时归还。
_____

第4課 マヨネーズ瓶と2杯のコーヒー

到着（とうちゃく）⓪	名；自動サ	抵达，到达
解釈（かいしゃく）①	名；他动サ	解释
基本（きほん）⓪	名	基本，基础
有利（ゆうり）①	名；形动	有利
失う（うしなう）⓪	他动五	失去，丧失；错过
争う（あらそう）③	他动五	争夺；争吵，争论
基礎（きそ）①②	名	基础
初心（しょしん）⓪	名；形动	初心，初衷
決して（けっして）⓪	副	决不
定例（ていれい）⓪	名	定例，常规；惯例
哲学（てつがく）②⓪	名	哲学
空っぽ（からっぽ）⓪	名；形动	空，空虚
マヨネーズ③	名	蛋黄酱
瓶（びん）①	名	瓶，瓶子
満杯（まんぱい）⓪	名	满杯，杯中酒满
ゴルフボール④	名	高尔夫球
尋ねる（たずねる）③	他动一	找，寻；问，打听；探寻
小石（こいし）⓪	名	小石头
注ぐ（そそぐ）⓪②	自他动五	流入，注入，倾注
隙間（すきま）⓪	名	缝隙，空闲
入り込む（はいりこむ）④⓪	自动五	进入；钻入，爬入
頷く（うなずく）⓪③	自动五	首肯，点头
砂（すな）⓪	名	沙子

埋める（うめる）⓪	他动一	填；埋入，掩埋；填补
器用（きよう）①	形	灵活，灵巧
大笑い（おおわらい）③	名；自动サ	大笑
表す（あらわす）③	他动五	表示，表现；象征
情熱（じょうねつ）⓪	名	热情，激情
依然（いぜん）⓪	副	依然
満ち足りる（みちたりる）④⓪	自动一	充足，充实；满足
エネルギー②③	名	能源，精力
費やす（ついやす）③⓪	他动五	耗费，花费；浪费，白费
診断（しんだん）⓪	名；他动サ	诊断；分析
ディナー①	名	（西餐中的）正餐，多指晚餐
遊び心（あそびごころ）④	名	玩心，想要玩的心情
優先（ゆうせん）⓪	名；自动サ	优先
手一杯（ていっぱい）②	名	非常忙，忙得不可开交
労力（ろうりょく）①	名	劳动力，人手；费神，费力
気付く（きづく）②	自动五	注意到，意识到
思い出す（おもいだす）④⓪	他动五	记起，想起，回忆起
ヒント①	名	启发，启示，暗示
道標（みちしるべ）③⓪	名	路标，指引
見つける（みつける）⓪	他动一	找出，发现；经常看到
ハッピー①	形动	幸福的，幸运的
常に（つねに）①	副	时常，总是
お洒落（おしゃれ）②	名；形动	好打扮，爱俏
大声（おおごえ）③	名	大声，高声

第4課　マヨネーズ瓶と2杯のコーヒー

小判（こばん）①	名	小金币
事柄（ことがら）⓪	名	事情，情况
別々（べつべつ）⓪	名；形动	各自，分别
完璧（かんぺき）⓪	名；形	完善，完整，完美无缺
歳月（さいげつ）①	名	岁月
並べる（ならべる）⓪	他动一	摆放，排列，陈列
くれぐれも③②	副	周到，仔细；反复多次，非常用心的样子

日本饮食之刺身（さしみ）

提起日本料理，不能略过的就是刺身。那么刺身究竟是什么呢？

刺身是一种生食料理，是将新鲜的鱼、贝、牛肉等原料以适当的刀法加工，享用时佐以酱油与山葵泥（芥末）调出来的酱料。那么，为什么要叫刺身呢？那是因为以前北海道渔民在供应生鱼片时，由于去皮后的鱼片不易辨清种类，故经常会取一些鱼皮，再用竹签刺在鱼片上，以方便大家识别。这刺在鱼片上的竹签和鱼皮，当初被称作"刺身"。后来虽然不用这种方法了，但"刺身"这个叫法仍被保留下来。

江户时代以前，刺身主要以鲷鱼、鲆鱼、鲽鱼、鲈鱼为材料，这些鱼肉都是白色的。明治以后，肉呈红色的金枪鱼、鲣鱼成了刺身的上等材料。现在，日本人把贝类、龙虾等切成薄片，也叫刺身，其中河豚片是刺身中的佼佼者。

切生鱼片的刀是特制的，且不能沾水，烹调师傅能用这种刀把鱼肉切得很薄。选择的鱼肉一定要新鲜。不少日本人认为生鱼片真正好吃是在杀了数小时之后，这是因为氨基酸含量在死鱼僵硬后会达到最高点。当然也有日本人认为把生鱼宰杀后马上做成的生鱼片好吃是由于僵直前的鱼肉有脆感。吃生鱼片要以绿色芥末和酱油做佐料。生鱼片盘中还经常点缀着白萝卜丝、海草、紫苏花等，体现出日本人亲近自然的饮食文化。

刺身是日本的国菜。日本人自称为"彻底的食鱼民族"。鱼有生、熟、干、腌等各种吃法，以生鱼片最为名贵。国宴或平民请客以招待生鱼片为最高礼节。最高档的生鱼片是金枪鱼生鱼片。开宴时，让你看到一缸活鱼，现捞现杀，剥皮去刺，切成如纸的透明状薄片，端上餐桌，蘸着佐料细细咀嚼，滋味美不可言。

第5課　日本人の性格

文型

1. 先生のおっしゃることはいつも正しいとは限りません。
2. あの女の子はどこから見ても上品(じょうひん)なお嬢(じょう)さんです。
3. お金があれば幸せになれるわけではない。
4. 天気が暑いせいで、食欲がない。
5. 恥ずかしくて、穴(あな)があれば入りたいぐらいだ。

例文

1. A：わたしもいつかあの人のように、金持ちになって、幸せな人生を送りたいなあ。
   B：でも、金持ちが必ずしも幸せとは限らないよ。
2. A：就職するなら、やはり大企業のほうがいいでしょう。
   B：そうかな。わたしは必ずしも大企業で働くことがいいとは限らないと思います。
3. A：君の成績から見れば、交通大学への合格はそれほど難しくないね。
   B：でも、やはり安心できない。これからもっと頑張らなくちゃ。
4. A：山田さんのこと、嫌いなんですか。
   B：いいえ、けっして嫌いなわけではありませんが、ただ、一緒にいると、ちょっと疲れます。
5. A：上田監督の新作映画、見たの？すごい人気だそうだよ。
   B：まあ、一応見たけど。悪くはないが、素晴らしい傑作というわけでもない。
6. A：君のせいで授業に遅刻したんだ。
   B：えっ。なんで私のせいにするんだよ。
7. A：最近、暑いせいか食欲がなくて、頭がぼうっとする。
   B：ちょっと疲れたんじゃない？夜は暑苦しいからちゃんと睡眠を取ってる？
8. A：連日の猛暑で、過ごしにくいですね。
   B：ええ。でも、オフィスのクーラーが効きすぎて、寒いくらいです。
9. A：Aチームに敗れたとき、泣きたいくらい辛かった。
   B：まあ、たまには、失敗を味わう必要もある。失敗を知らないチームは本当に強いチームとは言えないからね。
10. A：「なくて七癖」って、どういう意味？

B：人には、みな癖があるっていう意味だよ。

日本人の性格

日本人の性格の良し悪し

　日本人には日本の良いところはたくさんあることを知っていますから、それを世界に伝えるのは良いことだと思います。

　しかし日本人が良いと思っているものが必ずしも世界で良いとは限りません。

　日本人の性格は世界から見てどうなっているのでしょうか？
　卑屈、自虐的で国や自分に誇りを持っていない。
　謙遜、謙虚な態度は世界から見ると、頼りなく映るようです。

　日本人としては「私などは…」とか「つまらないものですが」とかは当たり前のことなのです、けっして自分を卑下しているわけではないのですが、そのような言葉遣いは謙虚と見るより、自分に自信がないからだと捕らえられているようです。

周りと同じことをする傾向がある

　日本人の特徴の1つとして、周囲に合わせるというものがあります。
　これは協調性があって、社会で生きていくためには必要なものですが、海外から見ると、個性がない人間だと見られることが多いそうです。
　実際、社会人で働いている人は社内で浮かないようにスーツを着用、女性社員も制服なら制服、私服なら派手すぎないように心掛けています。

　しかし、その周囲に合わせるという行為が個性がなく、自分を出さない内気な性格だと海外からは見られるようです。

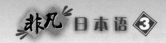

ユーモアがない、感情(かんじょう)表現が分かりにくい

　世界からつまらない国と思われている日本は、ユーモアはないでしょう。

　もちろん、個人(こじん)個人を知っていくことによって、面白い人や楽しい人という存在もありますが、それでも仕事人間である日本人はユーモアが少なく、それこそ会議にでもなれば、ユーモアなど1つも発(はっ)しないというのが日本人なのです。

　また感情表現が分かりにくい点も海外から見ると面白くないと映るようです。

　空気を読んで行動する日本人の行動は、すぐさま行動に現れる海外とは全く異(こと)なるものです。

　空気を読むって何を読むの？これは日本人の特徴・特有(とくゆう)のものだとして、しっかり持っておきたいものです。空気を読むことは大切ですからね。

勤勉で真面目

　とにかく仕事に対しても勉強に対しても真面目な日本人は、海外からは残業王国(おうこく)と呼ばれることもある。その残業のせいで、うつ病大国(びょうたいこく)でもあります。

　仕事に真面目すぎる日本人は、異常(いじょう)なくらいにうつ病体質な人が多く、うつ病で退職(たいしょく)をしてしまう人が近年増加傾向にあるようです。

　真面目な性格が悪いと言うわけではありませんが、真面目すぎると体に毒(どく)です。

　ヨーロッパを見てみると、残業も圧倒的(あっとうてき)に少ないうえに夏はバカンス休暇があります。

　日本は長寿大国(ちょうじゅたいこく)ですが、身体的(しんたい)な健康を考えてみれば、ヨーロッパの方がはるかに健康なのかもしれません。

（「特徴．COM」による）

第5課　日本人の性格

一、～とは限らない

接続：
```
名（だ）
形－い
形动（だ）
动－基本型/ない
```
＋とは限らない

解说：该句式表示某种结论并非百分之百正确，也会有例外。意思上相当于汉语中的"不一定就……""未必……""不见得……"。常与副词「必ずしも」呼应使用。

▶ 先生のおっしゃることはいつも正しいとは限りません。

（老师说的也不一定总是对的。）

▶ 頭のいい学生は必ずしも成績がいいとは限らない。

（聪明的学生未必成绩好。）

▶ 値段の高い料理が必ずしも味のいい料理だとは限らない。

（贵的饭菜不一定美味。）

▶ 学校の成績がいい学生が、社会に出て必ずしも成功するとは限らない。

（在学校成绩好的学生走上社会之后未必就能成功。）

二、～から見ると/～から見れば/～から見て/～から見ても

接続：　名　＋から見ると/見れば/見て/見ても

解说：该句式表示讲话人的推测，既可以表示从某个立场来看，也可以表示判断的依据，还可以直接和表示人称的名词相接续，意思上相当于汉语中的"从……来看"。

例

▶ 彼の経済状況(じょうきょう)から見ると、犯罪(はんざい)を犯(おか)すなんてどうしても信じられない。

（从他的经济状况来看，怎么也无法相信他会去犯罪。）

▶ 子供の健康という点から見れば、あまりにもきれいな環境はかえって良くないのです。

（从孩子的健康这一点来看，太干净的环境反而不好。）

▶ あの女の子はどこから見ても上品なお嬢さんです。

（那个女孩子不论从哪方面来看都是个优雅的大小姐。）

▶ 今までの成績から見ると、今回の試験にもきっと合格するだろう。

（从目前的成绩来看，这次的考试一定能考过吧。）

三、～わけではない／～わけでもない

接续：
| 形－い |
| 形动－な |
| 动－简体形 |
＋わけではない／わけでもない

解说：该句式用于否定从某个现实状况而引发的某种必然结果，意思上相当于汉语中的"并非就……""未必就……"；日常会话中也经常以"～というわけではない"的形式加以使用。

例

▶ お金があれば幸せになれるわけではない。

（并不是有钱就会变得幸福。）

▶ けがをしたが、歩けないわけではない。

（虽然受了伤，但并不是不能走路。）

▶ 宮本さんのことが嫌いなわけではないが、結婚相手としてはちょっと…

（虽然并不讨厌宫本，但作为结婚对象的话稍微有点儿……）

▶ パーティーに行ったが、行きたいから行ったというわけではない。

（虽然去了聚会，但并不是说我是因为想去才去的。）

四、～せいだ / ～せいで / ～せいか

接续：
| 名 – の |
| 形 – い |
| 形动 – な |
| 动 – 简体形 |

+ せいだ / せいで / せいか

解说：该句式用以表示由于某个原因与理由而引发后项某个负面的结果，意思上相当于汉语中的"由于……""都怪……"。

例

▶ 大雨のせいで、ハイキングには行けなくなった。

（都怪一场大雨，导致无法去郊游。）

▶ 天気が暑いせいで、食欲がない。

（由于天气太热，没有食欲。）

▶ 甘い物が好きなせいか、虫歯ができた。

（都怪喜欢吃甜食，结果长了蛀牙。）

▶ 夏休みにのんびりしたせいで、すっかり太ってしまった。

（都是因为暑假的时候太悠闲，哗啦胖了一大圈。）

▶ 気のせいか、部長は今日どうも機嫌（きげん）が悪そうだ。

（也许是我的心理作用吧，总觉得部长今天看起来心情好像不好。）

五、～くらい

接续：
| 名 |
| 形 – い |
| 形动 – な |
| 动 – 简体形 |

+ くらい / ぐらい / くらいだ / ぐらいだ

解说：该句式用以表示说明动作或状态的程度，往往以比喻、夸张的形式列出具体状况进行说明，意思上相当于汉语中的"简直像……""甚至都……"。

例

▶ 最近はずっと忙しくてちゃんと食事をする暇もないくらいだ。

（最近一直很忙，甚至连好好吃饭的时间都没有。）

▶ 恥ずかしくて、穴があれば入りたいぐらいだ。

（羞愧得想钻到地缝里去。）

▶ 田中さんは彼女に振られて、かわいそうなぐらいがっかりしていた。

（田中被他女朋友甩了，失落得甚至令人可怜。）

▶ 机の上の物が倒れるくらい大きい地震が起こった。

（发生大地震，甚至连桌子上的东西都倒了。）

一、～って

"～って"是一种口语表达形式，主要有以下几种用法。

1. 由表示引用的助词"と"变化而来，表示引用。

例

▶ 初めて会ったときは彼はフランス人だって思った。

（第一次见面的时候以为他是个法国人。）

2. 它是"という"的压缩表达形式。

第5課　日本人の性格

▶山田正男って男を知ってる？

（你知道一个叫山田正男的男人吗？）

▶刺身って料理を食べたことがありますか。

（吃过所谓的生鱼片这道菜吗？）

3. 是"といって"的压缩表达形式。

▶木村さんは用事があるって、先に帰っていった。

（木村说他有事，先回去了。）

▶渡辺さんはお客さんを迎えに行くって、空港へ行きました。

（渡边说是去接客人，去机场了。）

4. 是"というの（もの）は"的压缩表达形式。

▶チューリップって、どんな花？

（所谓郁金香是什么样的一种花？）

▶あなたって、親切な人だね。

（你呀，真是亲切的人。）

5. 放在句末，表示转述别人的说话内容。

▶田中さんは今日来ないって。

（田中说他今天不来了。）

▶彼も行きたいって。

（他说也想去。）

6.重复对方的话，放在句末，语气上扬，表示反问或怀疑。

例

▶A：わたし、今の仕事辞めたい。

（我想辞掉现在的工作。）

　B：辞めたいって？

　　（你说想辞职？）

▶A：部長は今朝急病で入院したそうだ。

　　（听说部长今天早上因为急病住院了。）

　B：入院したって？

　　（住院了？）

二、～に対する

"～に対する"前接名词或是名词化之后的句子，一般表示以下两种情况。

1.表示以……为对象进行某种行为或动作。

例

▶300人の中学生に対して、アンケート調査を実施(じっし)しました。

（以300名中学生为对象实施了问卷调查。）

▶先生に対して、そのような言い方は失礼ですよ。

（那样对老师说话是不礼貌的。）

▶彼の勉強に対する姿勢(しせい)は正しくない。

（他对学习的态度是不正确的。）

2.表示与……相对，另一方……

例

▶沖縄が暖かいのに対して、北海道はとても寒い。

（冲绳天气暖和，与此相对，北海道却很冷。）

▶大学入学試験は難しいのに対し、卒業するのは簡単だ。

（大学入学考试很难，而毕业却很简单。）

第5課　日本人の性格

一、请给下列画线词选择正确的读音或汉字。

1. この有名な作家（さっか）は数々（かずかず）の傑作を残（のこ）した。

    ①けつさく　　②けつさ　　　③けっさく　　④けっさ

2. 今年の夏は猛暑が続いていた。

    ①むうしょ　　②もうしょ　　③もうしゅ　　④むうしゅ

3. 誰に対しても卑屈な態度をとるべきではない。

    ①ひっくつ　　②ひくつ　　　③きょくつ　　④きょっくつ

4. 彼はうちきな性格だから、みんなの前で意見が出せない。

    ①内向　　　　②臆病　　　　③無邪気　　　④内気

5. あいつは喫煙のくせがある。

    ①嗜　　　　　②趣　　　　　③癖　　　　　④好

二、请选择合适的句型。

1. タバコを吸っている＿＿＿＿、よく咳（せき）をする。

    ①からには　　②せいか　　③もの　　④からみると

2. あまり料理を作りませんが、作るのが嫌い＿＿＿＿。

    ①だわけではない　　　　　②なわけではない

    ③ではないわけではない　　④ではないわけです

3. 日本人なら日本のことについて何でも知っているとは＿＿＿＿。

    ①かまわない　　②ちがいない　　③かぎらない　　④やめられない

4. 彼女の様子_____、ひどい病気にかかっているようです。

　　①から見ると　②を見て　　　　③からといって　　　④をいうと

5. 悔しくて悔しくて、大声で泣きたい_____。

　　①ぐらいだ　②べきだ　　　　③とおりだ　　　　④つもりだ

三、请给下文的★处选择最合适的选项。

1. _____　★_____　_____今日は頭が痛い。

　　①昨日　　②した　　　　③せいか　　　　　④夜更かしを

2. 納豆が_____　★_____　_____わけではない。

　　①食べられない　②苦手だ　　③ぜんぜん　　　④といっても

3. 留学生は皆_____　★_____　_____。

　　①限らない　②とは　　　　③日本語が　　　　④上手だ

四、将下列汉语翻译成日语。

1. 并不是说有钱就能买到一切。

　_____

2. 都怪电车晚点，所以上课才会迟到。

　_____

3. 从老师的角度来看，也许他不是一个好学生。

　_____

4. 并不是说嫁个有钱人就一定会幸福。

　_____

5. 一个人在国外的时候，寂寞得想哭。

　_____

第5課　日本人の性格

限る（かぎる）②	自他动五	限，限于；限定，限制
上品（じょうひん）③	名；形动	高雅，文雅；上等品
お嬢さん（おじょうさん）②	名	令爱，对对方女儿的敬称
穴（あな）②	名	坑，穴，（通透的）眼
必ずしも（かならずしも）④	副	不一定，未必
大企業（だいきぎょう）③	名	大企业
一応（いちおう）⓪	副	大致，大体上，暂且
傑作（けっさく）⓪	名；形动	杰作，名作
ぼうっと⓪	副；自动サ	精神恍惚，发愣
暑苦しい（あつくるしい）⑤	形	闷热，酷暑难熬
睡眠（すいみん）⓪	名；自动サ	睡眠
連日（れんじつ）⓪	名；副	连日，连续几天
猛暑（もうしょ）①	名	酷暑
オフィス①	名	事务所，办公室
効く（きく）⓪	自动五	有效，生效，起作用
敗れる（やぶれる）③	自动一	败北，失败
なくて七癖（なくてななくせ）①+③	惯用语	人都有毛病，人无完人
癖（くせ）②	名	习惯，习性；毛病
良し悪し（よしあし）②①	名	好坏，善恶
卑屈（ひくつ）⓪	名；形动	卑躬屈膝，低三下四
自虐（じぎゃく）⓪	名	自虐
誇り（ほこり）⓪	名	自豪，骄傲
謙遜（けんそん）⓪	名；形动；自动サ	谦逊，谦虚，自谦

謙虚（けんきょ）①	形动	谦虚，客气而彬彬有礼
映る（うつる）②	自动五	映，照；映出
卑下（ひげ）①	名；自他动サ	卑下，自谦
捕らえる（とらえる）③	他动一	捕捉，逮住，捉住
傾向（けいこう）⓪	名	倾向，趋势；倾向性
協調性（きょうちょうせい）⓪	名	协调性
個性（こせい）①	名	个性；个别性
浮く（うく）⓪	自动五	漂浮，浮起；松动，脱离
着用（ちゃくよう）⓪	名；他动サ	穿（衣服）
私服（しふく）⓪	名	便服，便装；个人服装
心掛ける（こころがける）⑤	他动一	留心，注意
内気（うちき）⓪	名；形动	内向，腼腆
感情（かんじょう）⓪	名	感情，情绪
ユーモア①⓪	名	幽默
個人（こじん）①	名	个人
発する（はっする）④⓪	自他动サ	发出；发生；出发
異なる（ことなる）③	自动五	不同，特别
特有（とくゆう）⓪	名；形动	特有
王国（おうこく）⓪	名	王国
うつ病（うつびょう）⓪	名；形动	抑郁症
異常（いじょう）⓪	名	异常情况
退職（たいしょく）⓪	名；自动サ	离职，退休
毒（どく）②	名	毒，毒药；毒害
圧倒的（あっとうてき）⓪	形动	压倒性的，绝对的
バカンス①	名	连续休假，假日
長寿（ちょうじゅ）①	名	长寿

第 5 課　日本人の性格

遥か（はるか）①	副；形動	远，遥远；远比，远远
状況（じょうきょう）⓪	名	状況
犯罪（はんざい）⓪	名	犯罪
犯す（おかす）②⓪	他动五	犯法，违反道德；施暴
機嫌（きげん）⓪	名	心情，情绪
可哀相（かわいそう）④	形動	可怜的
実施（じっし）⓪	名；自他动サ	实施
姿勢（しせい）⓪	名	姿势；态度，姿态
作家（さっか）⓪	名	作家
数々（かずかず）①	名；副	种种，许多
残す（のこす）②	他动五	剩下，留下
咳（せき）②	名	咳嗽
様子（ようす）⓪	名	样子，神情；情况，动向
罹る（かかる）②	自动五	患病，受难
社会人（しゃかいじん）②	名	社会人

知识点
日本的怀石料理

怀石料理（かいせきりょうり）最早是从日本京都的寺庙中传出来的。据说有一批修行中的僧人在戒规下清心少食，吃得十分简单清淡，有些饥饿难耐。于是他们想到将温暖的石头抱在怀中，以抵挡些许饥饿感，因此有了"怀石"的名称。演变到后来，怀石料理将最初简单清淡、追求食物原味精髓的精神传承下来，发展出一套精致讲究的用餐规矩，从器皿到摆盘都充满禅意。

新一代的创意怀石延续了原味烹调的精神，却打破了过于讲究的传统怀石作风。仅在出菜顺序上，传统怀石就必有的"七种前菜"（七种繁复做工的小菜）、"碗盛"（带有汤汁的手工料理）、"生鱼片""扬物"（油炸的食物）、"煮物""烧物"及食事（饭或汤）。过去一定得照顺序上菜，新派怀石料理则谨守先冷菜后热菜的顺序，不坚持何种料理先出菜，让师傅更能灵活调配菜色。

日本料理注重新鲜，其中更以怀石料理为上乘。怀石料理秉持"不以香气诱人，更以神思为境"的理念。其每一道菜都是在客人点餐后才开始现场制作的，更加体现了其料理的新鲜度和口感。因为是现场制作，所以客人在点餐后一般需要等上一段时间（通常情况下，从点餐到第一道菜的上桌是10~15分钟；每类菜之间的过渡时间是5~10分钟）。因此，客人在等餐时需要保持平静的心态，勿以烦躁之心进食而败坏了怀石料理的神思之境。怀石料理沿袭了禅宗思想，也因此获得"净心料理"之美称。

第6課　「海賊王に俺はなる」

文型

1. 彼女のスキャンダルをめぐって、さまざまな噂が流れている。
2. 歌が下手だから、歌手になれっこない。
3. マラソンを走りきった。
4. 時間が十分あるから、そんなに急ぐことはない。
5. 日本にいる限り、いろいろな面白いことを体験(たいけん)してみたい。

例文

1. A：この映画って、どんなストーリーですか。
   B：兄弟三人が親の財産をめぐって争うっていう物語です。
2. A：今回の販売促進計画をめぐって、各部門の意見が分かれているとのことですが、本当ですか。
   B：ええ、広告宣伝費をめぐって、いろいろ議論されましたが、結論はまだ出していません。
3. A：頑張って。絶対負けてはいけないからね。
   B：そんなことを言っても、あんな強いチームには勝てっこないよ。
4. A：安くすれば売れると思ったが…
   B：だから、こんなもの、絶対売れっこないと言っただろう。
5. A：「貯金しなくちゃ」と思っていても、毎月の給料をほとんど使いきってしまって、本当に悔しい。
   B：まあ、僕も同じなんだ。物価がこんなに上がってるから、しょうがないことだね。
6. A：西安にはどんな名所旧跡がありますか。
   B：それはもう数えきれないくらいあります。歴史の町ですから。
7. A：毎日ジョギングをしていますか。
   B：はい、時間の許す限り、必ずそうするようにしています。
8. A：フランスへ留学に行くつもりですか。
   B：まだ、よく分かりませんが、可能な限り、行きたいですね。
9. A：今の話を内緒にして。なぜかというと、山田さんに知られたら困るから。
   B：そんなこと分かってるよ。

第6課　「海賊王に俺はなる」

「海賊王(かいぞくおう)に俺はなる」

　ワンピースとは、尾田栄一郎(おだえいいちろう)さんが描かれた漫画で、主人公(しゅじんこう)のルフィと仲間(なかま)たちが、大海原(おおうなばら)で、ひとつなぎの大秘宝(だいひほう)（ワンピース）を巡って繰(く)り広(ひろ)げられる壮大(そうだい)な冒険(ぼうけん)物語です。

　主人公ルフィは、ある時、自分の夢を決めます。それは「海賊王になる」ということ。まだ力もない、仲間もいない時から、「海賊王になる」という夢を決めて、周りに宣言(せんげん)をしています。

　その時の周りの反応(はんのう)はどうだったかというと、「どうせ無理だ、なれっこない」、「現実(げんじつ)わかってない」、「ハハハ、ばかじゃないの」、「何言っているの、こいつ」と彼の夢を否定(ひてい)したり、笑ったりするものばかりでした。

　こんなふうに言われて、普通の人なら、落ち込む、怒る、不安になる、諦める、宣言をするのをやめる、といったような反応をしてしまうと思います。しかしルフィはそれでも自分の夢を変えません。自分の信念(しんねん)を曲(ま)げません。そして、「海賊王になる」という夢を100%達成できると信じきっています。

　ルフィは夢をかなえる前から、海賊王という価値観(かちかん)に従(したが)った判断をしています。その器(うつわ)の大きさ、深さに魅了(みりょう)されて、仲間がついていき、そして、彼はやがて海賊王という夢を叶えていくことでしょう。

　子供たちに将来の夢を聞けば、「海賊王になる」と答えるかもしれない。これはルフィの名ゼリフ、「海賊王におれはなる」という言葉に憧(あこが)れているからです。もちろん実現の可能性はゼロだ。なぜなら、海賊王などの仕事がありませんから。でも大丈夫。夢をあきらめることはありません。

　夢とは将来どんな姿になりたいかということで、具体的な職業ではありません。つまり「どんな人になりたいのか」ということが先にあって、それが具

体的になったものが将来の夢と言えます。

「受け継がれる意志、時代のうねり、人の夢、それらは止めることが出来ないものだ。人々が自由の答えを求める限り、それらは決して止まることは無い」。

そうです。人は必ず夢を持って生まれてきます。そして、夢は必ず実現します。

「ルフィは海賊王になりますよね？」

ルフィは必ず海賊王になります。いや、ならないとおかしいです。というか、なってほしいです。ぼくたちのためにも。

（http://www.petityuto158.com/ による）

一、〜をめぐって／〜をめぐる

接续： 名 ＋をめぐって／をめぐる

解说：该句式表示围绕某个事物展开与此关联的事，意思上相当于汉语中的"围绕着……"。

例

▶ 彼女のスキャンダルをめぐって、さまざまな噂が流れている。

（围绕她的丑闻，流传着各种各样的流言蜚语。）

▶ 火事の予防をめぐって、たくさんの意見が出されている。

（围绕着火灾预防，出现了许多的意见。）

▶ 環境汚染の解決方法をめぐって、国際会議が開かれた。

（围绕环境污染的解决方法，召开了国际会议。）

第6課　「海賊王に俺はなる」

▶ 誰が次期(じき)大統領になるかをめぐって、アンケート調査が行われた。

（围绕着谁将会成为下届的总统，进行了问卷调查。）

二、～っこない

接続：动－ます形 ＋っこない

解説：该句式用以表示对某种可能性的强烈的否定，意思上接近于"絶対～しない"，是较为随意的口语表达，一般用于关系比较亲密的人之间，意思上相当于汉语中的"怎么会……""不能……"。

▶ 私なんかできっこない。

（我根本不会。）

▶ 歌が下手だから、歌手になれっこない。

（唱歌太差，所以不可能成为歌手。）

▶ 何も言わなかったら、誰も分かってくれっこない。

（什么都不说的话，谁都不会明白的。）

▶ 誕生日のプレゼントなんかもらえっこないよ。

（不可能得到生日礼物什么的。）

三、～きる／～きれる／～きれない

接続：动－ます形 ＋きる／きれる／きれない

解説：该句式表示某种行为或动作完成得彻底，强调其完成度之高，相当于汉语中的"彻底……"。此外，该句式也常以其可能态否定式"～きれない"的表达方式表示"不能彻底……"之意。

▶ マラソンを走りきった。

（跑完了马拉松。）

▶ 一日でタバコを50本吸いきってしまった。

（一天把50根烟抽完了。）

▶ 3は2で割りきれない。

（3用2是不能整除的。）

▶ あの時はお金もないし、友達もいないので、困りきっていた。

（那个时候，没有钱也没有朋友，真是异常困苦。）

四、～ことはない

接续：| 动－基本型 | ＋ことはない

解说：该句式表示没有做前项动作的必要，多用于鼓励或劝说别人的场景，意思上接近于汉语中的"不必……""用不着……"。

例

▶ 時間が十分あるから、そんなに急ぐことはない。

（时间还很充足，没必要那么着急。）

▶ 新しいのを買うことはない。私のを貸してあげるから。

（没必要买新的，可以把我的借给你。）

▶ 自分のことだから、他人に認めてもらうことはないと思っている人が多い。

（因为是自己的事，所以用不着得到别人的认可。这么想的人很多。）

▶ みんなが手伝うから、一人で悩むことはない。

（大家都会帮忙的，没必要一个人烦恼。）

五、～限り

接续：| 名－である／でない
　　　　形动－な／でない
　　　　动－基本型／ない型／た型／ている | ＋限り

第6課　「海賊王に俺はなる」

解说：该句式表示对描述的条件范围进行限定，后句是对该条件范围内的状况进行说明，含有如果条件发生改变，则产生的结果也会有所不同之意。意思上相当于汉语中的"只要……就……""就……范围来说"。否定接续也可以翻译为"除非……，否则就……"。

例

▶ 日本にいる限り、いろいろな面白いことを体験してみたい。

（只要在日本，就想体验体验各种有趣的事情。）

▶ このパソコンは直さない限り、使えないんです。

（这个电脑只要不修就无法使用。）

▶ 警察である限り、市民の安全を守るために頑張らなければならない。

（只要是警察，就必须为了保护市民的安全而努力。）

▶ 元気な限り、ずっと勉強を続けるべきだと思っている。

（我认为只要身体好着，就应该一直学习。）

一、～かというと

简体句后接"かというと"是日语中的设问表达，即说话人以自问自答的方式对事物进行说明，后项多以"～からだ"的句式结句，常见的简略表达有"なぜかというと""どうしてかというと"等。

例

▶ なぜ彼女と結婚したかというと、彼女のことが大好きだからです。

（要说为什么跟她结婚，原因是因为我非常喜欢她。）

▶ 文章がうまければ誰でも作家になれるかというと、そんなことはない。

（只要文章写得好，是不是谁都可以成为作家呢？不是那样的。）

▶ 留学には行きたくない。なぜかというと、僕はもう30歳だからです。

（不想去留学。要问为什么，因为我已经30岁了。）

二、というか

"というか"是接续词，一般放在两句话之间，表示对前一句话重新换一种说法，口语中说成"っていうか"，相当于汉语中的"或者怎么说呢""或者不如说是……"。

▶ この日本語はちょっと不自然だ。というか、文法が間違っている。

（这句日语有点不自然，或者该怎么说呢，是语法有问题。）

▶ 最近学校に行きたくない。っていうか、外に出たくない。

（最近不想去学校，或者说是不想去外面。）

三、とのことだ

"〜とのことだ"是表示说话人转述传闻的一种表达，等同于"〜ということだ"，意思上相当于汉语中的"说是……""据说……"。

▶ 事件の原因はまだ分からないとのことです。

（据说事件的原因还不清楚。）

▶ 首相は来月アメリカを訪問するとのことです。

（据说首相下月将会访问美国。）

▶ 今日は晴れるとのことだったが、雨が降った。

（说是今天是晴天，却下了雨。）

第6課　「海賊王に俺はなる」

一、请给下列画线词选择正确的读音或汉字。

1. 仲間に裏切られてしまった。

   ①なかま　　②ちゅうかん　　③なかあいだ　　④ちゅうま

2. それぐらいの冒険は平気だ。

   ①ほうけん　　②ほうげん　　③ぼうけん　　④ぼうげん

3. 多くの人が田舎の生活に憧れている。

   ①ほれて　　②あこがれて　　③とぼれて　　④あきれて

4. 歌手の優しい声は聴衆をみりょうした。

   ①魅了　　②夢中　　③没頭　　④沈没

5. 一生懸命に頑張らないと、うつわの大きい人になれないよ。

   ①姿　　②偉　　③頭　　④器

二、请选择合适的句型。

1. この地域はゴミ問題が深刻で、何か解決策を出さない＿＿＿＿、これからはもっと深刻になっていくでしょう。

   ①うえ　　②かぎり　　③から　　④たび

2. 一晩中残業していた主人は＿＿＿＿顔をして帰ってきました。

   ①疲れる　　②疲れきれた　　③疲れきった　　④疲れきれない

3. もう一生懸命頑張ったので、後悔する＿＿＿＿。

   ①ことはない　②にちがいない　③しかない　　④だろう

4. 消費税を上げるか、上げないか_____、様々な意見が出されている。

①について　②をこめる　③をめぐる　④をめぐって

5. あ、もうこんな時間になったのか、電車に間に合い_____よ。

①っこない　②しかない　③はずだ　④わけではない

三、请给下文的★处选择最合适的选项。

1. こんな_____ ★_____ _____ _____ことはない。

①ことをわざわざ　②議論する　③つまらない　④会議で

2. 実践_____ ★_____ _____ _____ことができない。

①かぎり　②いろいろな知識を

③身に付ける　④しない

3. 少子化問題の対策_____ ★_____ _____ _____。

①激しい　②をめぐって　③議論が　④続いている

四、将下列汉语翻译成日语。

1. 这么多的行李一个人拿不完。
_____

2. 就算问他，他也不会告诉我的。
_____

3. 只要周末不下雨，就去郊游。
_____

4. 围绕失败的原因召开了会议。
_____

第6課　「海賊王に俺はなる」

スキャンダル②	名	丑闻，丑名
様々（さまざま）②	形動	各种各样，形形色色
マラソン⓪	名	马拉松
体験（たいけん）⓪	名；他动サ	体验
財産（ざいさん）①⓪	名	财产
販売（はんばい）⓪	名；他动サ	销售，出售，贩卖
部門（ぶもん）①⓪	名	部门，部类
分かれる（わかれる）③	自动一	分开，分离
広告（こうこく）⓪	名；他动サ	广告，宣传
議論（ぎろん）①	名；自他动サ	议论，争论
結論（けつろん）⓪	名；自他动サ	结论
名所旧跡（めいしょきゅうせき）⓪④	名	名胜古迹
数える（かぞえる）③	他动一	数数，列举
内緒（ないしょ）⓪③	名	秘密，保密
主人公（しゅじんこう）②	名	主人公，主人翁
仲間（なかま）③	名	伙伴，同事，朋友；同类
大海原（おおうなばら）④③	名	大海，汪洋大海
繰り広げる（くりひろげる）⑤⓪	他动一	展开，开展，进行
壮大（そうだい）⓪	名；形動	雄壮，宏大
冒険（ぼうけん）⓪	名；自动サ	涉险，冒险
宣言（せんげん）③	名；他动サ	宣言
反応（はんのう）⓪	名；自动サ	反应
現実（げんじつ）⓪	名	现实

否定（ひてい）⓪	名；他动サ	否定
信念（しんねん）①	名	信念
曲げる（まげる）⓪	他动一	弄弯，折弯；违心，改变
叶える（かなえる）③	他动一	使……实现；满足……愿望
価値観（かちかん）③②	名	价值观
従う（したがう）⓪	自动五	服从，顺从；按照，遵从
器（うつわ）⓪	名	器皿；才能，气量
魅了（みりょう）⓪	名；他动サ	吸引，使人入迷
やがて⓪	副	不久，不一会儿
憧れる（あこがれる）⓪	自动一	向往，憧憬
受け継ぐ（うけつぐ）③⓪	他动五	继承，接替
うねり⓪	名	浪潮的高低起伏
求める（もとめる）③	他动一	寻求，找；谋求，追求
止まる（とどまる）③	自动五	停留
予防（よぼう）⓪	名；他动サ	预防
次期（じき）①	名	下期，下届
市民（しみん）①	名	市民，公民
不自然（ふしぜん）②	名；形动	不自然
事件（じけん）①	名	事件，案件
首相（しゅしょう）⓪	名	首相，内阁总理大臣
裏切る（うらぎる）③	他动五	背叛，倒戈
平気（へいき）⓪	名；形动	冷静，镇静，满不在乎
聴衆（ちょうしゅう）⓪	名	听众
解決策（かいけつさく）③④	名	解决方案
消費税（しょうひぜい）③	名	消费税

日本的首尾料理

　　首尾料理一般出现在日本喜庆场合的餐桌上，象征着善始善终、人生圆满。在喜宴上，将食材下脚料的头尾都摆上餐桌，用完整来代表对对方的祝福。首尾料理的最佳代表非加吉鱼莫属，因为日语中加吉鱼发音为"たい"，它与日语单词"喜庆"的发音"めでたい"押韵，加之又是红色的鱼，更突显了喜宴的气氛。通常都是用两大条加吉鱼腹部对着腹部摆放在盘子里，头尾保留完整的鱼象征着人生自始至终都很顺利。除加吉鱼外，春节时吃的一种小鱼（沙丁鱼的一种）也是头尾都要吃的。在年初时吃头尾完整的鱼代表一年都顺利平安。

　　一般情况下，首尾料理中的鱼都是按照左边是头，右边是尾的顺序摆放。这规则起源于写字的顺序是从左到右。

　　除了首尾料理外，日本人在喜庆场合还有其他的特殊料理。例如，婚礼上的樱花水，是将樱花用盐腌制之后代替茶水饮用，红红的颜色烘托喜庆的气氛；新年时吃的黑豆，除了营养丰富之外，还代表着人们寄托美好希望的心愿。

第7課　赤ん坊でも、こけたら立つぞ

1. 時間が経つのははやいものだ。
2. 日が暮れるにつれて、だんだん寒くなってきた。
3. 駅に着くと同時に親に電話を掛けた。
4. 自動車は便利であると同時に危険でもある。

第7課　赤ん坊でも、こけたら立つぞ

1. A：時間がたつのははやいものですね。
   B：ええ、あっという間にまた秋が来ましたね。
2. A：子供の頃から「男は涙を見せるものじゃない」と、よくおやじに言われてきたけど、男の子だって泣きたい時もあるでしょ？
   B：まあ、それもそうだけど、今でも、そういう社会通念が根強くあるんだ。
3. A：おばあちゃんは今年もう85歳になるでしょう。お元気ですか。
   B：はい。おかげさまで元気です。ただ、年を取るにつれて、耳がちょっと遠くなってきたようですが。
4. ここ数年、この辺りは産業が発展するにつれて、工業団地が増え、街の風景がすっかり変わりました。
5. わたしの性格はとても慎重です。これは長所であると同時に、行動に移すまで時間が掛かるという短所でもあります。
6. A：鈴木さんはこの町に住んで、どのくらいになりますか。
   B：そうですね。就職すると同時に、この町に引っ越してきたから、もう5年になります。
7. A：木村君、このレポート、データが間違っているよ、もう一度確認してから書き直して。
   B：はい、すみません。

赤ん坊でも、こけたら立つぞ

　失敗がいかに大切なものかということは、赤ん坊の姿を見ていると分かるものである。

赤ん坊は、一歳に近くなると、よちよち歩きをするようになる。

もちろん、すぐ倒れる。

でも、少しも苦にしていない。

倒れても、倒れても立ち上がって、また歩こうとする。

赤ん坊はそういうことを根気よく続けて、何十日も立ってから、やっと歩けるようになる。

わたしは、この赤ん坊の姿に、人生の秘訣を見る。

人生には、何回も、いや、何十回も初めてのことに挑戦することがある。

初めてのことをするときは、誰でも赤ん坊に似ている。誰でも失敗する。

失敗してはやり直して、うまくなるのである。

ところが、大人になると、赤ん坊の時の気持ちを忘れる。

赤ん坊は無心になって、よちよち歩きをし、こけては立ち上がり、こけては立ち直り、諦めることはなかった。

こけることを恐れなかったし、恥ずかしがらなかった。

ところが、大人は違う。

こけることを恐れるし、恥ずかしがる。

そのために、行動することができなくなる。

それだけではない。やっと立ち上がっても、ちょっと躓くと、「もうだめだ」と諦めやすいのである。

そのようになると、何もできなくなってしまうのだろう。

それでは、せっかくの人生が小さく、縮んだものになる。

そこで、私は思う。

「人生は、赤ん坊になる回数が多いほど、豊かになる。こける回数が多いほど、豊かになる」。

人間は年を取るにつれて見栄を張るようになって、失敗を恐れるようになる。

第7課　赤ん坊でも、こけたら立つぞ

そして、年を取ると同時に挑戦心(ちょうせんしん)を失うようになる。

挑戦心を失うと、年がいくら若くても老人になる。

わたしは、何かの壁にぶつかったとき、いつも、赤ん坊のよちよち歩きを思い出すことにしている。

「赤ん坊も、こけたら立つのだ！」と思うようにしている。

そのようにしていると元気が出てくる。

挑戦心も出てくるからである。

（伊吹卓著「前向きに生きる力」による）

一、～ものだ／～ものではない

接続：　形－简体形
　　　　形动－な　　＋ものだ／ものではない
　　　　动－简体形

解说："～ものだ"多用来表示所谓的某种具有真理性、普遍性的事物，表示事物的性质与其本应有的某种状态。而"～ものではない"则是从本质上予以否定，多用于给别人以忠告，而接在如"分かる""できる"等可能态动词之后强调根本不可能……

▶時間が経つのははやいものだ。

（时间过得真快。）

▶人の性格はなかなか変わらないものだ。

（人的性格是不易改变的。）

▶ 人生というのは本来(ほんらい)分からないものだ。

（人生本来就是说不清楚的。）

▶ 男はいくら辛くても、人の前で泣き出すものではない。

（男人再难受，也不会在人前哭泣。）

▶ この仕事は一人でできるものではない。

（这项工作根本不是一个人可以做的。）

二、～につれ（て）

接续：
| 名 |
| 动－基本型 |
＋につれ（て）

解说：表示随着某一方面的变化其他方面也发生相应改变，意思上相当于汉语中的"随着……"。

例

▶ 経済の発展につれて、人々のライフスタイルもだんだん変わってきた。

（随着经济的发展，人的生活方式也逐渐改变了。）

▶ 日が暮れるにつれて、だんだん寒くなってきた。

（随着夕阳西沉，天渐渐冷起来了。）

▶ 娘は大きくなるにつれて、きれいになった。

（女儿渐渐长大，变漂亮了。）

▶ 寒くなるにつれて、朝早く起きるのは辛くなった。

（随着天气变冷，早起变得很痛苦。）

三、～と同時に

接续：
| 名－（である） |
| 形－简体形 |
| 形动－である |
| 动－基本形／た形 |
＋と同時に

第7課　赤ん坊でも、こけたら立つぞ

解说：该句式有以下两种含义：

1.表示两种事件或动作相继发生或进行，强调前后事件行为连接紧密，意思上相当于汉语中的"几乎与此同时……"。

▶ 駅に着くと同時に親に電話を掛けた。

（到达车站的同时给父母打了个电话。）

▶ 地震と同時に火事が発生した。

（地震的同时发生了火灾）

▶ 卒業すると同時にA社に就職した。

（毕业的同时就在A公司上班了。）

2.表示前后两种情况同时成立或两个事件、行为同时进行。

▶ 自動車は便利であると同時に危険でもある。

（汽车便利的同时也很危险。）

▶ 彼は他人に厳しいと同時に自分にも厳しい。

（他对别人严厉的同时对自己也很严厉。）

▶ 行動が速いのは長所であると同時に短所でもある。

（行动迅速是优点的同时也是缺点。）

▶ 自分の意見を言うと同時にほかの人の考えもよく聞くことが大切です。

（在说出自己意见的同时倾听他人的想法也是很重要的。）

▶ 娘が結婚の日、父親としての私はうれしいと同時に、少し寂しい気持ちにもなった。

（女儿结婚那天，作为父亲的我开心的同时也有点寂寞。）

词语与表达

一、～なおす

动词"直す（なおす）"可以作为接尾词接在动词形之后构成复合动词，表示重新、再次做该动作。常见的有：やり直す、作り直す、書き直す、見直す、考え直す等。

例

▶ このレポート、書き直してください。

（这份报告请重写。）

▶ お金があればこの家を建て直したいんですが。

（如果有钱的话，想重建这个房子，但是……）

二、～だけではない

"～だけではない"表示不仅仅是……，其中顿表达是"～だけで（は）なく"。

例

▶ この店の料理は美味しいだけではなく、値段も安い。

（这家店的菜不仅好吃，价格也便宜。）

▶ 肉だけでなく、野菜も食べてください。

（不仅仅是肉，菜也要吃。）

▶ 山田さんは字がきれいなだけでなく、文章も上手だ。

（山田不仅字写得好看，文章也写得好。）

▶ 現金を盗まれただけでなく、パスポートも盗まれてしまった。
<small>げんきん</small>

（不仅现金被偷了，护照也被偷了。）

▶ 今朝遅刻したのは私だけではありませんでした。

（今天早上迟到的不只是我。）

第7課　赤ん坊でも、こけたら立つぞ

一、请给下列画线词选择正确的读音或汉字。

1. 子供たちは<u>無心</u>に公園で遊んでいる。
   ①ぶしん　　②ぶごこと　　③むごころ　　④むしん

2. <u>見栄</u>を張るから、自分らしく生きられなくなる。
   ①みえ　　②けんえい　　③みえい　　④けんよう

3. 死を<u>恐れる</u>のは当たり前だろう。
   ①こわれる　　②おそれる　　③こじれる　　④おわれる

4. 暗いですから、<u>つまず</u>かないようにしてください。
   ①躓　　②倒　　③滑　　④蹴

5. 買ったばかりのセーターを洗ったら、<u>ちぢ</u>んでしまった。
   ①少　　②縮　　③皺　　④揉

二、请选择合适的句型。

1. 都市の発展＿＿＿＿、森林（しんりん）の面積（めんせき）は狭くなってきた。
   ①のうえ　　②に対して　　③について　　④につれて

2. 時代の変化＿＿＿＿結婚式葬式（そうしき）の形も変わってきた。
   ①をつれて　　②といっしょに　　③につれて　　④にとって

3. ドアを開ける＿＿＿＿、一匹の猫が部屋に入ってきた。
   ①ことはない　　②につれて　　③うえで　　④と同時に

97

4. 君はもう大人になっただろう。何でも他人に依頼する_____。

①ものだ　　②ものではない　　③ものか　　④ものだから

5. 自分の意見を言う_____、相手の話もよく聞くものだ。

①べき　　②と同時に　　③にしたがって　　④に対して

三、请给下文的★处选择最合适的选项。

1. _____ ★ _____ _____ようになった。

①肩書きが　　②人にも信頼される　　③と同時に　　④立派になる

2. 外国語は_____ ★ _____ _____。

①ではない　　②身に付ける　　③もの　　④短期間で

3. 人から_____ ★ _____ _____ものだ。

①汚さない　　②読む　　③ようにして　　④借りた本は

四、将下列汉语翻译成日语。

1. 拿出钱包的同时，手机掉了出来。
   _____

2. 他在努力工作的同时，晚上还在学校里面补习。
   _____

3. 朋友之间应该互相帮助。
   _____

4. 随着城市的发展，环境问题变得越发严重了。
   _____

第7課 赤ん坊でも、こけたら立つぞ

あっという間（あっというま）⓪	名	一瞬间，刹那间
親父（おやじ）⓪①	名	老爸，对父亲的俗称
通念（つうねん）⓪①	名	一般的想法，普通的想法
根強い（ねづよい）③	形	坚固的，根深蒂固的
工業団地（こうぎょうだんち）⑤	名	工业园区
慎重（しんちょう）⓪	名；形动	慎重
移す（うつす）②	他动五	移动；调动；转移
赤ん坊（あかんぼう）⓪	名	婴儿，新生儿
苦（く）①	名	痛苦，愁苦，苦恼
根気（こんき）⓪	名	耐性，毅力
秘訣（ひけつ）⓪	名	秘诀
こける②	自动一	跌倒，摔倒；滑倒
よちよち①	副	东倒西歪，步履蹒跚
無心（むしん）⓪	名；形动	无邪念，天真
恐れる（おそれる）③	自他动一	害怕，恐惧，担心
立ち上がる（たちあがる）⓪④	自动五	起立，站起来；向上升起
立ち直る（たちなおる）④⓪	自动五	重新站起，恢复，好转
躓く（つまずく）⓪	自动五	绊倒，跌跤；受挫
縮む（ちぢむ）⓪	自动五	缩小；缩短
回数（かいすう）③	名	次数
見栄を張る（みえをはる）②+⓪	惯用语	装门面，虚饰外表
挑戦心（ちょうせんしん）③	名	挑战心

本来（ほんらい）①	名；副	本来，原来；普通，应当
現金（げんきん）③	名	现金
森林（しんりん）⓪	名	森林
面積（めんせき）①	名	面积
葬式（そうしき）⓪	名	葬礼
依頼（いらい）⓪	名；他动サ	请，委托；依赖，依靠
肩書き（かたがき）⓪	名	头衔，职位，身份
信頼（しんらい）⓪	名；他动サ	信赖

"小身材大作用"的日本印章,你了解多少?

去日本,无论留学、生活,还是工作,印章都是必不可少的。今天,就让我们一起来了解一下"小身材大作用"的日本印章吧。

个人印章主要分为三大类:

1. 実印(じついん)

实印需要到政府备案,买卖机动车及土地房屋、继承遗产时都会用到,非常重要。

2. 認印(にんいん)

认证印仅刻有本人姓氏,多在日常生活中使用,比如简单的契约、申请书,签收信件、快递等。这种印章不同于实印和银行印,不需要备案。

3. 銀行印(ぎんこういん)

在银行等金融机构备过案的被称为银行印,用于开户、存取款、财产管理等银行业务,一般要求将姓氏与名字完整地刻在印章上,并且文字的顺序是从右向左的。

日本社会印章(种类/尺寸)使用说明

种类	实印	认印	银行印
尺寸	男 15mm 以上	男 12mm 以上	男 13.5~15mm
	女 13.5mm 以上	女 10.5mm 以上	女 12~13.5mm
使用场合	正式场合使用。如签订工作合同、购买保险、租房子、办手机卡等。	非正式场合使用。如申请书、学校考勤、签收快递等。	银行使用。
篆刻内容	全名	姓	名或全名
是否必备	必备	必备	非必备
使用频率	适中	极高	较低

除此之外,还有役職印・会社実印、角印、訂正印、割印、蔵书印等各种用途的印章。

温馨小贴士:即将赴日留学或生活的你,记得带上你的专属印章哦。

第8課　日本語ってどんな言葉？（1）

1. 台風の被害に関しては、まだ確実な情報がありません。
2. 昔に比べて、生活が豊かになりました。
3. 上司として責任を取らざるを得ない。
4. タバコは癌の原因になると言われている。

第8課　日本語ってどんな言葉？（1）

1. 先月、国が学校における学生の携帯電話の利用などに関する調査を実施した。その結果、15％の中学生は学校で携帯を使っていることが分かった。

2. A：あのう、御社では、今アルバイトを募集（ぼしゅう）していますか。

   B：すみませんが、アルバイトの募集に関しては、人事部までお問い合わせください。

3. A：今のアパート、どうですか。

   B：そうですね。前のと比べて、駅に近くて、通勤がずいぶん便利になりました。

4. A：女性は男性に比べて、ストレスが溜（た）まりやすいと言われていますが、それはなぜでしょうか。

   B：まあ、女性は男性よりデリケートで、精神的（せいしんてき）なストレスも感じやすいからでしょう。

5. A：今度の試合に出ないと聞いたけど、本当？

   B：ええ、足の怪我をしたから、そうせざるを得ないよ。

6. A：高橋君は成績があんなに良かったのに、どうして大学に行かなかったんですか。

   B：まあ、当時（とうじ）いろいろ事情があって、進学（しんがく）を諦めざるを得ませんでした。

7. 日本経済は低迷（ていめい）が長く続き、回復（かいふく）の兆（きざ）しが見えない。その責任は国の政策にあると言わざるを得ない。

8. A：日本語は最も難しい言葉だといわれていますけど、李さんはどう思いますか。

   B：そうですね。中国語と同じ漢字を使っているから、それほど難しくもないと思います。

9.A：わたし、ダイエットしたいんですが、何かいい方法がありますか。

B：そうですね。ジョギングがいちばん効果的だと思います。運動した分だけ、体重は減りますよ。

日本語ってどんな言葉（1）

日本で使われている言葉

　日本国内で共通に使われている言葉は日本語です。地域によって訛りや抑揚など多少の違いはありますが、全国各地どこへ行っても日本語が通じます。

　ところで日本語という言語は、一体どんな言葉と同じグループに属するのでしょう。学術的に見て、何語族に入るのかということに関しては、未だにはっきりとしたことは分かっていないようです。ですが、文法的に見るとトルコ語やモンゴル語に近いと言われています。と同時に、発音の面ではポリネシアの言葉に近いとされていますし、中には日本語は韓国語に大変似ていると言う人もいるようです。まあ、このことについては言語学者の方々にお任せするとしましょう。

聞き取りと話すことについて

　日本語は発音が難しいんじゃないか、と心配していらっしゃる方にとっては朗報です。実は日本語の発音は、他の言語に比べて意外と簡単なんです。それはなぜかと言いますと、日本語は他の言語に比べて、使う音節の種類が少ないからなんです。

　もっとも、音節の種類が他の言語に比べて少ないということは、その分日本語には同音異義語、つまり読み方は同じなのに意味内容の違う言葉がたくさん存在する、ということになるわけです。そうすると、どうなるのかというと、

第8課　日本語ってどんな言葉？（1）

　話し手が同音異義語の内のどの言葉を意味しているのかを、基本的には聞き手側が、言葉の抑揚や前後の文脈から判断せざるを得なくなるのです。日本語ではアクセントというものが、英語やその他の言語のようにハッキリと区別されていませんので、聞き取りに関してはこれが最も難しい作業になるんではないかと思います。

　また話す場合についても、単語の発音そのものよりも、聞き手に伝わりやすいような、1つ1つの単語や文章全体の正しいイントネーションの方が、難しいと言えるんではないでしょうか。

日本語で使われる文字

　日本語を書く時に使われる文字は主に漢字、平仮名、片仮名の3種類で（ローマ字も含めると4種類になります）、たいていはこの3種類の文字を組み合わせて、1つの文章の中で一緒に使います。

　漢字は元々中国で生まれ、使われていた表意文字で、1つ1つの字がそれぞれに意味を持っている文字です。日本人が漢字を使うようになったのは、中国から伝えられた5世紀から6世紀頃からだと言われていて、今日でも漢字は日常生活の中で広く使われています。

　平仮名は、主に漢字を補うようにして使われますが、片仮名は外来語や擬声語（ワンワンやガラガラなど、音や声を真似て作った言葉）や擬態語（ニッコリやビックリなど、身ぶりや状態を真似て作った言葉）を表すのによく使われます。

（「日本語ってどんな言葉」による）

一、に関して / に関しては / に関しても / に関する

　　接続：　名　＋に関して / に関しては / に関しても / に関する

解说：该句式可以看作是"～について"的郑重表达，意思上相当于汉语中的"关于……""有关……"。

例

▶ 台風の被害に関しては、まだ確実な情報がない。

（关于台风带来的灾害，还没有确定的消息。）

▶ 環境問題に関する記事を読んだ。

（读了关于环境问题的报道。）

▶ 契約書(けいやくしょ)に関しては、具体的に相談したほうがいい。

（关于合同，具体地谈一下会比较好。）

▶ 彼は日本語が上手なだけでなく、日本文化に関しても詳しい。

（他不仅很擅长日语，对日本文化也很熟悉。）

二、～に比べて／～に比べ

接续：| 名 |
| 动 - 简体形の | ＋に比べて／に比べ

解说：该句式于用比较说明，意思上基本上等同于"～より"，但语气上郑重度比较高，多用于较为正式的场合或是书面表达，译为"和……相比""较之于……"。

例

▶ 昔に比べて、生活が豊かになりました。

（和过去相比，生活变得富裕了。）

▶ 大阪に比べて、東京のほうが物価が高いだろう。

（和大阪相比，东京的物价更高吧。）

▶ 兄に比べて、弟はもっとかっこいい。

（和哥哥相比，弟弟更帅气。）

第8課　日本語ってどんな言葉？（1）

▶ 男性に比べて、女性の平均寿命は長い。

（较于男性，女性的平均寿命更长。）

三、～ざるを得ない

接续：　动词未然形 ＋ざるを得ない

解说：动词"ない"形将"ない"换成"ざる"＋"を得ない"，表示除此之外别无选择，往往是迫于客观情况或某种压力做违背自己意愿的行为，属于书面用语，译为"不得不……"。

注意：サ变动词"する"使用"～せざるを得ない"的形式。

例

▶ 上司として責任を取らざるを得ない。

（作为上司，不得不承担责任。）

▶ 急に雨が降ってきたので、試合は中止せざるを得なかった。

（突然下起雨来，所以不得不中止比赛。）

▶ 今日は体調が悪かったのだが、会議があったので、出勤せざるを得なかった。

（虽然今天感到身体不适，但是因为有会议，不得不去公司。）

▶ 急に仕事が入ったため、予定していたヨーロッパ旅行を断念せざるを得なかった。

（由于突然有工作要做，不得不放弃原定的欧洲旅行。）

一、～と言われている

"と言われている"前接简体句，当句中不具体出现说话人时，表示大家一

般都这么说，即表示现实中人们的普遍观点。

> **例**
>
> ▶ タバコは癌の原因になると言われている。
>
> （据说吸烟会成为致癌的原因。）
>
> ▶ 葬式に出席するとき、黒い服を着たほうがいいと言われている。
>
> （一般认为参加葬礼的时候穿黑色的衣服会比较好。）
>
> ▶ 中国では、お正月には髪を切らないほうがいいと言われている。
>
> （据说在中国正月里最好不要剪头发。）
>
> ▶ 車より自転車で出勤するほうがもっと健康的だと言われている。
>
> （据说相较于开车，骑自行车上班更加健康。）

二、分

"分"的读音是"ぶん"，表示分摊的一份，或表示分量与份额。作为抽象用法时，往往表示其相应的程度。

> **例**
>
> ▶ 山田さん、これは君の分です。
>
> （山田，这是你那份儿。）
>
> ▶ 家族が増えた分、毎月の出費（しゅっぴ）も多くなった。
>
> （家里人口增加了，每个月的花费也相应多了。）
>
> ▶ 休みをとったその分、後で頑張らなくてはいけない。
>
> （请了假，接下来得努力一把才行。）
>
> ▶ 今回の社員旅行に行けなくなってしまったが、私の分まで楽しんできてね。
>
> （这次公司的员工旅行我去不了了，希望大家替我好好玩。）

第8課　日本語ってどんな言葉？（1）

三、よりも

"よりも"是"より"的强调表达形式。"より"是单纯进行客观比较的说法，而"よりも"则透露出说话人的主观情感。

例

▶ それよりもこっちのほうがいい。

（比起那个这个更好。）

▶ 今年の雪は去年よりも早いね。

（今年的雪比去年早啊。）

▶ 試験の結果は予想よりもいい。

（考试的结果比预料的好。）

▶ 李さんの日本語は先生よりも上手だよ。

（小李的日语比老师都好。）

一、请给下列画线词选择正确的读音或汉字。

1. この前溜まっていた仕事は山ほど多かった。
   ①たまって　②こまって　③なまって　④とまって

2. 彼は訛りの強い英語を話している。
   ①いかり　②なおり　③なまり　④おこり

3. 抑揚をつけて、文を読んでください。
   ①ようよく　②よくよう　③いくよう　④よくよく

4. おんしゃのカタログを拝見してもよろしいでしょうか。
   ①貴社　②弊社　③恩社　④御社

5. オリンピックの会場（かいじょう）から、ろうほうが届いた。
   ①貴報　②公報　③朗報　④消息

二、请选择合适的句型。

1. 日本語だけでなく、日本文化＿＿＿＿知っておいたほうがいいと思う。
   ①に関しても　②にとっても　③に比べても　④に対しても

2. 今の生活は昔＿＿＿＿、ずいぶん楽になってきた。
   ①に比べて　②にくわえて　③にもとづいて　④にしたら

3. 仕事が溜まっているので、今晩は残業＿＿＿＿。
   ①しざるを得ない　②せざるを得ない
   ③するざるを得ない　④さざるを得ない

第8課　日本語ってどんな言葉？（1）

4. A社_____B社のほうが売れ行きがいい。

　　①について　　②に比べる　　③に比べて　　④にとって

5. あの人は子供の時から天才だ_____。

　　①という　　②といった　　③といわれている　　④といわれる

三、请给下文的★处选择最合适的选项。

1. 最近の若者は_____　_____★_____　_____　_____ないようです。

　　①あまり　　②政治　　③に関しては　　④興味が

2. 日本は_____　_____★_____　_____　_____。

　　①いい国だ　　②治安の　　③と言われている　　④非常に

3. 田舎は_____　_____★_____　_____　_____。

　　①空気が　　②に比べて　　③きれいだ　　④都会

四、将下列汉语翻译成日语。

1. 为了生活不得不放弃自己的梦想。

_____

2. 都说日语是最难的一种语言。

_____

3. 儿子比去年的这个时候长高了10厘米。

_____

4. 我正在读一本关于敬语方面的书。

_____

新单词

癌（がん）①	名	癌，癌症
募集（ぼしゅう）⓪	名；他动サ	招收，招募
溜まる（たまる）⓪	自动五	聚集，汇集；积压，停滞
デリケート③	形动	纤细的，敏感的
精神（せいしん）①	名	精神
進学（しんがく）⓪	名；自动サ	升学
低迷（ていめい）⓪	名；自动サ	停滞，处于低潮；低迷
回復（かいふく）⓪	名；自他动サ	恢复；康复
兆し（きざし）⓪	名	兆头，预兆
訛り（なまり）⓪③	名	地方口音，乡音
抑揚（よくよう）⓪	名	抑扬
全国（ぜんこく）①	名	全国，整个国家
属する（ぞくする）③	自动サ	属于
学術（がくじゅつ）②⓪	名	学术
語族（ごぞく）①	名	语族，语系
未だに（いまだに）⓪	副	未，还，至今仍
トルコ①	名	土耳其
モンゴル①	名	蒙古
発音（はつおん）⓪	名；他动サ	发音，发声
ポリネシア③	名	波利尼西亚
方々（かたがた）②	名；代，副	各位，诸位，这个那个
学者（がくしゃ）⓪	名	学者，有学问的人
朗報（ろうほう）⓪	名	喜报，好消息
音節（おんせつ）⓪	名	音节

第8課　日本語ってどんな言葉？（1）

同音異義語（どうおんいぎご）⑥	名	同音异义词
前後（ぜんご）①	名；自动サ	前后，时间先后大约，左右
文脈（ぶんみゃく）⓪	名	文章的脉络，文脉
アクセント①	名	调，声调；重音（单词发音音调的高度和强度）
区別（くべつ）①	名；他动サ	区别，差异，辨别
聞き取り（ききとり）⓪	名	听懂；听取；听力
作業（さぎょう）①	名；自动サ	工作，操作，作业
伝わる（つたわる）⓪	自动五	传，流传；传说；传达
イントネーション④	名	声调，语调，抑扬（根据话的内容或说话人的情感变化出现的声音起伏）
文字（もじ）①	名	文字
主に（おもに）①	副	主要，为主，大部分
ローマ字（ローマじ）③⓪	名	罗马字
含める（ふくめる）③	他动一	包含，包括；告知，嘱咐
大抵（たいてい）⓪	名；副	大部分，大体；大概，大约
組み合わせる（くみあわせる）⑤	他动一	搭配，组合
元々（もともと）⓪	名；副	本来，原来
表意文字（ひょういもじ）④	名	表意文字
世紀（せいき）①	名	世纪
擬声語（ぎせいご）⓪	名	拟声词
ガラガラ⓪①	副；形动	嘎啦，咯吱；嘶哑
真似る（まねる）⓪③	他动一	模仿，仿效
擬態語（ぎたいご）⓪	名	拟态词
にっこり③	副；自动サ	莞尔一笑，嬉笑

身振り（みぶり）①	名	姿态，姿势，身体语言
契約書（けいやくしょ）⓪⑤	名	契约书，合同
平均（へいきん）⓪	名，他动サ	平均，平均值；平衡
中止（ちゅうし）⓪	名，他动サ	中止，停止进行
断念（だんねん）③	名，他动サ	死心，断念
出費（しゅっぴ）⓪	名，自动サ	花费，开销
会場（かいじょう）⓪	名	会场
天才（てんさい）⓪	名	天才
治安（ちあん）⓪①	名	治安
確実（かくじつ）⓪	名，形动	确实；可以信赖；可靠
当時（とうじ）①	名	当时
国内（こくない）②	名	国内
共通（きょうつう）⓪	名，形动	共同

日本的聚餐习惯

日本人的饮食一贯简单，饭局上也如此，常让人有一种吃不饱的感觉。如果在早上设饭局，不过是一杯牛奶、一份热狗而已。中午可能稍微丰富一点儿，有米饭、鱼、肉、咸菜和西红柿等。晚餐相对来说是最丰富的，有饭有菜有汤。最重要的是，日本人通常只有晚上请客吃饭时才会有酒。因此日本人的饭局一般都设在晚上，他们习惯下班后三五成群地去饭馆。

日本自古以来把饭局当作沟通感情、解决问题的重要手段，至今长盛不衰。即便是日本最普通的职员，每个星期都少不了一两次饭局。时间通常是在周末，办公室的同僚们一起出动下饭馆吃一顿算是惯例。此外，还有一些五花八门的饭局，如"忘年会""送别会"和"新人会"等等。

日本饭局上的气氛相对来说随和且轻松，吃饭前都互相为对方倒酒。他们喜欢喝的酒是啤酒、清酒、威士忌和烧酒。第一杯一起饮过后，大家就可以随意开吃了。日本人自称为"彻底的食鱼民族"，每年人均吃鱼一百多斤，超过大米消耗量。日本人吃鱼有生、熟、干、腌等各种吃法，其中生鱼片较为有名。开宴时，从鱼缸里现捞现杀，剥皮去刺，切成如纸的透明状薄片端上餐桌，蘸着佐料细细咀嚼，滋味美不可言。但客人不能放开肚皮吃，因为菜的数量极少。

日本人把饭局中的"吃"作为一种饮食的艺术来欣赏，吃饱不是目的。所以，应对日本饭局绝不是一件轻松的事情，把握好其中的礼和度就足以让人随时绷紧一根弦。

第9課　日本語ってどんな言葉（2）

1. 木村さんは有名な俳優である一方、人気歌手でもある。
2. 環境問題が深刻になる一方だ。
3. 将来のことを考えつつ、これからの進路(しんろ)を選びます。
4. 昨日は曇りがちな天気で、夕方(ゆうがた)から雨が降ってきた。
5. 古い風習は消えつつある。

第9課　日本語ってどんな言葉（2）

1. 自転車は便利な乗り物である一方、交通ルールやマナーを守らなければ大変危険な乗り物です。
2. この町は産業が盛んな一方、名所旧跡も多く、あちこちから観光客が訪れます。
3. A：収入がなかなか上がらないのに、物価が上がる一方ですね。
   B：そうですね。これでは、家計がますます苦しくなりますね。
4. A：ああ、悔しい。また手順を間違えてしまいました。
   B：それは初心者にありがちな間違いです。これからは気を付けてください。
5. A：お子さんが入院したそうですが、大丈夫ですか。
   B：ただの風邪なので大丈夫です。けど、うちの子は体が弱くて病気がちで、本当に困っています。
6. 高い品質を保ちつつ、できる限りコストを減らすことは生産部門における最も重要な課題です。
7. 環境への影響を考えつつ、都市建設計画を検討する。
8. 昔は「転職」というと、「根性がない人」「物事が続かない人」という悪いイメージがありました。ですが、近年ではそのイメージが変わりつつあります。
9. 近年、食品の安全性に関する国民の関心が高まりつつある。

日本語ってどんな言葉（2）

日本語の文法

　基本的な日本語の文法は他の言語に比べて簡単にはなるんですが、その一方、どうしても表現が曖昧になりがちです。言い換えると日本語という言語は、

相手がどんなことを伝えようとしているのかを、読み手や聞き手側が、話し手あるいは書き手の気持ちを察しながら、判断しなければならない言語だと言うことができます。そういう意味では、読み手や聞き手に頼るところの多い言葉、と言えるのではないでしょうか。

日本語の語彙について

　日本語が難しい言葉だと思われる理由の1つには、覚えなければならない単語の数が多いから、ということが挙げられるのではないかと思います。どうしてそんなに単語の数がたくさんあるのかについては、日本語を書く時に使う文字に、その理由を見ることができるのではないでしょうか。

　漢字は中国から伝えられたものですから、その中の一部の文字は今でも漢語、つまりその昔中国で使われていた時と同じ意味で使われていたりします。けれども残りの漢字は和語を表す文字として使われています。その一方でカタカナは、欧米の現代的な文化と共に新しく日本に入って来た外来語を表すのに、よく使われています。

　こうした日本語の書き表わし方を見ると、日本語を表現するための文字の数が、他の国の文化の影響を受けつつ、増えて来たことが分かります。こうして日本語の語彙が増えてきた結果として、英語の会話を90パーセント理解するために必要な語彙が、3 000語程度と言われているのに対し、同じレベルの日本語の会話を理解するためには、1万語近くの単語を覚えなければならない、と言われているのだそうです。

言葉遣い（敬語）について

　日本人は、普段から上下関係や内と外の違いというものを、とても敏感に感じています。そのため、自分の身内の者とそうでない者とを分けて考えがちで、外部の者に対しては距離を置くというように、身内と部外者とで違った接し方をする傾向があります。

第9課　日本語ってどんな言葉（2）

　社会的に地位が高い人と低い人、あるいは目上の人と年下の人の間でも同じことが起こります。これは言葉にも当てはまり、話している相手に応じて使う表現を変えたりします。特に礼儀正しさが求められるような公の場では、敬語と呼ばれる丁寧な言葉遣いが現在でも使われています。

　とは言え、最近では残念ながら、敬語が消えつつあるといわれています。私自身も含めて、多くの日本人が敬語を状況に応じて正しく使いこなすことができなくなっている、というのが認めざるを得ない現状でもあったりします。

（「日本語ってどんな言葉」による）

一、～一方

1. 接续：

| 名 – である |
| 形 – い |
| 形动 – な |
| 动 – 简体形 |

＋一方／一方で／一方では

解说：该句式表示对某两种情况进行对比说明，也经常用于对同一事物的两个对立面进行描述，意思上相当于汉语中的"一方面……而另一方面……"。

- ▶ 彼女はお金がなくて困ったなあと言っている一方で、ずいぶん無駄遣いをしている。

　　（她一面说没有钱很苦恼，一面乱花钱。）

- ▶ 木村さんは有名な俳優である一方、人気歌手でもある。

　　（木村一方面是有名的演员，另一方面还是个当红歌手。）

▶ 物価がますます高くなる一方、収入はあまり増えていない。

（一方面物价越来越高，另一方面收入却没怎么增加。）

▶ 妻は会社で一生懸命に働いている一方で、夫は家でネットゲームばかりしている。

（妻子在公司努力工作，而另一方面丈夫只是在家一味打网络游戏。）

2. 接续：动 – 基本形 + 一方だ

解说：该句式表示某个事态一直朝着某一个方向推进与发展，一般用于描述负面事态，意思上相当于汉语中的"一个劲儿地……""一味地……"。

例

▶ この数年間、この町の人口は減る一方だ。

（这几年间，这个城镇的人口一个劲儿地减少。）

▶ 環境問題が深刻になる一方だ。

（环境问题一味地严重下去。）

▶ 近頃(ちかごろ)中国に来る外国人留学生が増える一方だ。

（近来，来中国的外国留学生不断增加。）

▶ 最近、味はまずいが、値段が意外に高いレストランが増える一方だ。

（最近，味道不怎么样价格却意外贵的餐厅一个劲儿地增多。）

二、～つつ

接续：动 – ます形 + つつ

解说："～つつ"所表达的意思与"～ながら"基本相同，只是语感上比较生硬，常常用于书面表达，意思上相当于汉语中的"一边……一边……"。

例

▶ 公園の紅葉(なが)を眺めつつ、散歩する。

（边观赏公园的红叶边散步。）

第9課　日本語ってどんな言葉（2）

▶ 辞書を引きつつ、日本語の新聞を読んでいる。

（一边查字典，一边阅读日语报纸。）

▶ 彼は大声で叫びつつ、走り出した。

（他一边大喊大叫，一边跑出去了。）

▶ 将来のことを考えつつ、これからの進路を選びます。

（一边考虑将来的事情，一边选择今后的出路。）

三、～がち

接续：　名 / 动－ます形 ＋がちだ／がちの（な）

解说："～がち"接在名词后，表示容易产生该名词所带有的状态与倾向；"～がち"接在动词ます形之后表示某种不好的情况经常发生，意思上相当于汉语中的"经常……""容易……""往往会……""动不动就……"。

例

▶ 最近の若者は極端（きょくたん）に走りがちだと言われている。

（据说最近的年轻人容易走极端。）

▶ 寒い冬の朝は寝坊しがちだが、遅刻しないようにしている。

（寒冬的早上很容易贪睡，我尽力做到不迟到。）

▶ 昨日は曇りがちな天気で、夕方から雨が降ってきた。

（昨天天气阴沉沉的，傍晚时分下起了雨。）

▶ 夫は最近忙しく、ずっと残業していて、留守がちだ。

（丈夫最近很忙，一直在加班，动不动就不在家。）

四、～つつある

接续：　动－ます形 ＋つつある

解说：表示某一动作或事态正在向某一方向渐进式地持续发展着，语义上接近"～ている"；但用于表示事物处于完成状态的"～ている"不能与"～つつある"相互替换，意思上相当于汉语中的"正在……"。

例

▶ 古い風習は消えつつある。

（旧的风俗正在逐渐消失。）

▶ 最近、日本語を使っていないから、忘れつつあります。

（最近因为没有使用日语，正在逐渐忘却。）

▶ 時代が変わりつつあります。

（时代不断变化。）

▶ 中国では、一人っ子政策が変わってから、子供の数は増えつつある。

（中国的独生子女政策改变之后，孩子的数量逐步增加。）

～手

日语中，词汇"手"可以作为接尾词接在某些动词"ます形"后，表示进行该动作行为的人或一方，常见的有：

書き手（写作者）、読み手（阅读者）、話し手（讲述者）、聞き手（听者）、やり手（从事者）、送り手（送出方）、受け手（接受方）、作り手（制作方）、使い手（使用者）……

第9課　日本語ってどんな言葉（2）

一、请给下列画线词选择正确的读音或汉字。

1. 最近の若者は語彙が貧しい。
   ①ごけい　　②ことば　　③ごい　　④ごけ

2. 彼は根性のある男だ。
   ①こんじょう　②こんせい　③ねじょう　④ねせい

3. 手順を踏んで、仕事をしてください。
   ①しゅじゅん　②てじゅん　③てぎわ　④しゅしゅん

4. いつまでも若さをたもとうと思っている女性は大勢いる。
   ①守　　②維　　③持　　④保

5. うちの会社はじょうげ関係が厳しいです。
   ①下上　　②上気　　③上下　　④情気

二、请选择合适的句型。

1. 最近、スマートホンを使う人が＿＿＿＿。
   ①増えるつつある　　②増える一方だ
   ③減るつつある　　　④減り一方だ

2. 彼女はかっこうがよくて、優しい男が好きだと言っている＿＿＿＿、金持ちのおじいさんと結婚した。
   ①一方　　②せいで　　③つつある　　④ばかりに

3. 交通の便が改善され＿＿＿＿＿＿。

　　①一方だ　　　②つつ　　　　③つつある　　　　④かねだ

4. わたしは病気＿＿＿＿＿＿ので、仕方なく専業主婦をやっている。

　　①気味　　　　②がち　　　　③つつ　　　　　　④がちな

5. アンケート調査の結果を参考にし＿＿＿＿＿＿、レポートを書いている。

　　①つつある　　②一方で　　　③がちで　　　　　④つつ

三、请给下文的★处选择最合适的选项。

1. きれいな夜空を＿＿＿＿＿＿　＿＿＿＿＿＿　＿＿★＿＿＿　＿＿＿＿＿＿。

　　①恋人のことを　　②想っている　　　③つつ　　　④眺め

2. 地下鉄が＿＿＿＿＿＿　＿＿＿＿＿＿　＿＿★＿＿＿　＿＿＿＿＿＿。

　　①よくなってきた　　②につれて

　　③町の交通の便が　　④どんどん開通する

3. あの子は＿＿＿＿＿＿　＿＿★＿＿＿　＿＿＿＿＿＿　＿＿＿＿＿＿です。

　　①授業を　　　　②体が弱くて　　　③がち　　　④休み

四、将下列汉语翻译成日语。

1. 人都是一边烦恼着，一边努力地活着。

＿＿＿＿＿＿＿＿＿＿＿＿＿＿＿＿＿＿＿＿＿＿＿＿＿＿＿＿＿＿＿＿＿＿

2. 到了40岁以后，很容易就运动不足。

＿＿＿＿＿＿＿＿＿＿＿＿＿＿＿＿＿＿＿＿＿＿＿＿＿＿＿＿＿＿＿＿＿＿

3. 近年来，城市空气越来越差了。

＿＿＿＿＿＿＿＿＿＿＿＿＿＿＿＿＿＿＿＿＿＿＿＿＿＿＿＿＿＿＿＿＿＿

4. 单身生活有时候很自由，另一方面也会很寂寞。

＿＿＿＿＿＿＿＿＿＿＿＿＿＿＿＿＿＿＿＿＿＿＿＿＿＿＿＿＿＿＿＿＿＿

第9課　日本語ってどんな言葉（2）

進路（しんろ）①	名	前进方向；将来发展方向
夕方（ゆうがた）⓪	名	傍晚
乗り物（のりもの）⓪	名	交通工具
産業（さんぎょう）⓪	名	产业，工业
盛ん（さかん）⓪	形動	繁盛，兴盛；盛大
あちこち③②	名	到处，四处
家計（かけい）⓪	名	家庭经济状况
手順（てじゅん）①⓪	名	顺序，程序
建設（けんせつ）⓪	名；他動サ	建设
検討（けんとう）⓪	名；他動サ	探讨，讨论，研讨
物事（ものごと）②	名	事情，事物
イメージ②①	名；他動サ	形象，印象；图像
関心（かんしん）⓪	名	关心，关注，感兴趣
高まる（たかまる）③	自動五	高，高涨，提高
言い換える（いいかえる）③④	他動一	换句话说，换个说法
察する（さっする）⓪③	他動サ	推测；体谅，体察
語彙（ごい）①	名	词汇，语汇
数（かず）①	名	数目，数
一部（いちぶ）②	名	一册，一份，一部分
和語（わご）①	名	和语（日本固有词汇）
共に（ともに）⓪	副	一同，共同，跟着
敬語（けいご）⓪	名	敬语
上下（じょうげ）①	名；自他動サ	上下；变动
内（うち）⓪	名	里面，内部；之内，……期间

敏感（びんかん）⓪	名；形动	敏感
身内（みうち）⓪	名	亲属，自己人；全身
分ける（わける）②	他动一	分割；分离；分配
距離（きょり）①	名	距离
部外者（ぶがいしゃ）②	名	外部人员
接する（せっする）⓪③	自他动サ	接触，接待，交汇
目上（めうえ）⓪	名	上级，上司，长辈
当てはまる（あてはまる）④	自动五	完全合适，适合，适应
応じる（おうじる）⓪③	自动一	回应，回答；适应
礼儀（れいぎ）③	名	礼貌；礼仪，礼节
公（おおやけ）⓪	名	公家，公共，集体组织
自身（じしん）①	名	自身，自己
無駄遣い（むだづかい）③	名；自他动サ	浪费
ゲーム①	名	游戏，竞技
近頃（ちかごろ）②	名；副	最近，近来
眺める（ながめる）③	他动一	眺望，远眺；旁观
極端（きょくたん）③	名；形动	极限，极端
便（べん）①	名	便利，方便
改善（かいぜん）⓪	名；他动サ	改善
夜空（よぞら）①	名	夜空，夜晚的天空
開通（かいつう）⓪	名；自动サ	开通
保つ（たもつ）②	他动五	保持，维持
パーセント（%）③	名	百分比

知识点

日本饮食之生鸡蛋拌饭

生鸡蛋拌饭（たまごかけごはん）可算是日本人最简单最快捷的早餐，一个生鸡蛋、一碗热米饭、一小碟酱油，几秒钟就能搞定，一分钟就能下肚。不过吃生鸡蛋拌饭的人多为男性，女性很少吃它，大概女性稀里呼噜地吃生鸡蛋拌饭会给人一种很不优雅的印象吧。日本人爱吃生鸡蛋拌饭大概有以下几个理由：

1. 鸡蛋是最常备食品

日本人冰箱常备食物的前三名分别为鸡蛋、豆腐和牛奶。

2. 日本人偏爱的口感

日本人偏爱黏糊糊的食物。大名鼎鼎的纳豆就不用说了，就是中国人常吃的山药，在日本最普通的吃法竟是将生山药磨成黏糊糊的山药泥，浇在米饭或面条上吃。这些黏黏糊糊的食物里含有一种叫作ムチン（黏蛋白）的黏液素，具有净化血液，预防脑梗死、心肌梗死、动脉粥样硬化的作用，而且由于好下咽，还有增进食欲的效果，在夏天特别更受欢迎。

3. 鸡蛋的安全标准非常严格

可能很多人抵触生鸡蛋拌米饭的最大原因是担心生鸡蛋的卫生问题。日本国内生产的鸡蛋都是按照厚生劳动省制定的"卫生管理要领"严格进行消毒与检查后才出产的，大大降低了食用生鸡蛋中毒的概率。日本出售的鸡蛋，其包装上的保质期实际上是生食的保质期，超过保质期10天甚至一个月的鸡蛋只要经过彻底加热都没有卫生方面的担忧。

4. 米饭酱油鸡蛋的超强搭配

日本人的主食是米饭，主要佐料是酱油，再加上最常备食物鸡蛋，产生出生鸡蛋拌饭的吃法也就不奇怪了。生鸡蛋拌米饭方便快捷，因此早上吃的人最多，很多餐厅在早餐套餐中都有生鸡蛋拌米饭。日本甚至有生鸡蛋拌饭的专用酱油，它也是很多家庭常备的调料。

第10課　「○○のせいで」と「○○のおかげで」

1. 外が明るいうちに、帰りましょう。
2. 人の悪口（わるくち）を言っているうちは、人間関係がうまく築（きず）けない。
3. 今回のプレゼンが円滑（えんかつ）に行えたのは、先輩のおかげです。
4. あの子はひどいよ。宿題どころか、学校にさえ来なくなったよ。
5. 忙しすぎて、寝る時間さえありません。

第10課　「○○のせいで」と「○○のおかげで」

1. A：太郎、お風呂のお湯が冷めないうちに、早く入ってきなさい。

   B：はい、すぐ行く。

2. A：さあ、日が暮れないうちに、山を下りましょう。

   B：ええ、そうですね。この山道、険しいですからね。

3. A：その携帯はどう？

   B：使いやすいけど、ただ、使っているうちに、バッテリーの持ちが悪くなったようで、毎日充電しなくちゃいけない。

4. A：わたし、生命保険に入ってません。

   B：えっ、入ってないんですか。健康なうちは必要がないと思われるかもしれませんが、いざ加入したいと思ったとき、健康上の理由などでできなくなるケースもあるから、真剣に考えたほうがいいですよ。

5. A：優勝、おめでとうございます。

   B：ありがとうございます。これもひとえにみなさんが応援してくださったおかげです。

6. 充実した社会福祉制度のおかげで誰もが幸せに暮らしている。

7. A：仕事は楽しい？

   B：楽しいどころか、毎日時間に追われて、死にそうな気分だよ。

8. A：彼女がいるでしょう。

   B：彼女どころか、女性の友達さえいないよ。

9. A：先日、挨拶さえしたことがない親戚から、突然結婚式の招待状が来たんだ。これ、おかしいだろう？

   B：まあ、そんなことはよくあるよ。

本文

「〇〇のせいで」と思っていたことを「〇〇のおかげで」と考える

よく、「当たり前のことに感謝しなさい」とか、「今生きていること自体が幸せである」「つらいことがあっても、住む家があるだけ、幸せだと思いなさい」という話を聞きます。もちろん、みんな、そんなことは頭では分かっているはず。でも、煩悩の塊であるのが人間。突然の事故や病気など、衝撃的な出来事がないと、生きていることへの感謝、今こうして過ごせている感謝について、あらためてしみじみと振り返ることはなかなか難しいことかもしれません。

日々忙しく過ごしているうちに、ついつい、「〇〇のせいで」と不満や愚痴を口にしてしまうことも多いでしょう。

落ち込んでいる今は、考えにくいことかもしれません。

へこんでいるうちは、考える余裕はないことでしょう。

しかし、心が広く、大きくなり、余裕ができたとき、「〇〇のせいで」と考えていたことを「〇〇のおかげで」と考えるようにしましょう。

「〇〇のせいで」と考えることは、必ず「〇〇のおかげで」と考えることができるようになります。

物事のある一面しか見ていないから「〇〇のせいで」と思います。

自分にとって、つらく、悲しく、悔しいことを、単純にマイナスと受け止めてしまいます。

しかし、実は、つらく、悲しく、悔しいことこそ「〇〇のおかげで」と変換することができるようになるのです。

今まで「〇〇のせいで」と考えていたことを「〇〇のおかげで」と考えることができるようになれば、あなたが成長した証拠です。

第10課　「〇〇のせいで」と「〇〇のおかげで」

　　親からの厳しいしつけのせいで、人とうまくコミュニケーションを取ることが苦手となった。
　　「父のせいで、母のせいで」と恨むことになるでしょう。
　　しかし、自分が今、生きている事実に目を向ければ、ここに存在していることは「親のおかげだ」ということに気づきます。
　　どんなに考えたくなくても、その事実は曲げることができません。
　　親がいなければ、悔しい、苦しいと思うどころか、自分という存在さえ成り立たないのです。
　　「私」という狭い視野しか考えていないから「父のせいで、母のせいで」と恨んでしまいます。
　　しかし、今の自分が存在しているという事実は「父のおかげ、母のおかげ」としか考えられないのです。
　　自分のことしか見ていないときには、視野が狭くなっています。
　　しかし、心が成長すれば「人生、命」という広く大きなテーマで考えることができるようになります。
　　そうすると、自分が悩んでいたことはとても些細なことだと気づくのです。

（https://happylifestyle.com による）

一、～うちに

1. 接続：

| 名 – の |
| 形 – い |
| 形動 – な |
| 動 – 基本形 / ない形 |

＋うちに

解说：该句式表示在某个状态持续的时间段内进行某种行为，意思上相当于汉语中的"趁着……""在……之内"。

例

▶ 外が明るいうちに、帰りましょう。

（趁外面天还亮着，回吧。）

▶ 日本にいるうちに、できるだけいろいろな所を訪ねたいと思っている。

（趁着在日本，想尽可能地去看看各种地方。）

▶ 寒くならないうちに、海へ遊びに行きたいと思っている。

（趁着还不冷，想去海边玩。）

▶ 桜がきれいなうちに、恋人と一緒に花見に行こう。

（趁着樱花还美的时候，和恋人一起去赏花吧。）

2. 接续： 动 - 基本型 / ～ている ＋ うちに

解说：该句式表示伴随着前项行为的进行或时间的推进，发生了后项的某种变化，意思上相当于汉语中的"……着……了"。

例

▶ 彼女はテレビを見ているうちに、泣き出した。

（她看着电视就哭了。）

▶ 何度も争い合っているうちに、あの二人の絆(きずな)はかえって深くなってきた。

（吵着吵着，那两个人的情义反倒加深了。）

▶ 聴解(ちょうかい)の練習は退屈(たいくつ)で、聞いているうちに、眠くなってきた。

（听力练习很无聊，听着听着就瞌睡了。）

▶ イケメンの彼氏の顔を眺めているうちに、顔が赤くなった。

（她看着男友帅气的面庞，脸就红了。）

第10課　「○○のせいで」と「○○のおかげで」

二、～うちは

接续：
```
名 - の
形 - い
形动 - な
动 - 简体形
```
＋うちは

解说：表示某种状态尚未发生改变时所呈现出的情形，多与该状态发生改变之后所呈现的情形进行比较。

- 人の悪口を言っているうちは、人間関係がうまく築けない。
  （还在说着别人坏话的时候，是无法顺畅地建立人际关系的。）
- 若いうちは、真面目に勉強して、多くの技術(ぎじゅつ)を身につけたほうがいいと思う。
  （我认为年轻的时候应该认真学习，掌握很多技术会比较好。）
- 怪我が治(なお)らないうちは、激しい運動とかはできるだけやめたほうがいい。
  （伤没好的时候，尽量避免激烈运动会比较好。）
- 地下鉄が開通しないうちは、バスで通勤するしかない。
  （地铁没开通的时候，只能坐公交车上班。）

三、～おかげで / おかげだ

接续：
```
名 - の
形 - い
形动 - な
动 - 简体形
```
＋おかげで / おかげだ

解说：该句式表示因前项事物的影响得到好的结果，含有感激之意，相当于汉语中的"多亏……""托……的福"。

例

▶ ガイドブックの説明が丁寧なおかげで、あのお寺(てら)はすぐに見つかった。

（多亏了旅游手册的详细说明，很快就找到了那个寺庙。）

▶ 今回のプレゼンが円滑に行えたのは、先輩のおかげです。

（这次的说明会能够顺利进行多亏了前辈。）

▶ 雨が降ったおかげで、空気がきれいになった。

（多亏了下雨，空气变干净了。）

▶ 仕事が忙しくないおかげで、いろいろな知識を身に付ける余裕がある。

（多亏了工作不忙，才有宽裕的时间去掌握各种各样的知识。）

四、～どころか

接续：
```
名
形 – 简体形
形动 – （な）
动 – 简体形
```
+ どころか

解说：该句式以反问的语气从根本上否认前项，意思上相当于汉语中的"不但不……反而……""别说……甚至连……"。

例

▶ 最近のゲームは面白くて、子供どころか、大人も夢中になっている。

（最近的游戏很有趣，别说孩子了，就连大人也会沉迷其中。）

▶ あの子はひどいよ。宿題どころか、学校にさえ来なくなったよ。

（那孩子太差劲了，别说作业了，连学校都不来了。）

▶ この間すごく忙しかった。ジムに行くどころか、食事する時間もなかった。

（最近非常忙，别说去健身房了，连吃饭的时间都没有。）

第10課　「○○のせいで」と「○○のおかげで」

▶ 元彼女は僕に優しくないどころか、時々彼女に殴られることもあった。

（前女友别说对我温柔了，我时常还会被她打。）

五、～さえ/でさえ

接续：　名　+ さえ/でさえ

解说：该句式用于列举出一个极端的例子，进而类推其他，意思上相当于汉语中的"甚至连……"。

▶ 先生でさえ、分からないことがたくさんある。

（甚至连老师也有很多不知道的东西。）

▶ 両親にさえ教えないで、一人で海外へ行った。

（甚至连父母都没告知，就一个人去了海外。）

▶ 大学生なのに、小学生レベルの問題さえ分からない。

（虽然是大学生，却连小学生水平的问题都搞不懂。）

▶ 忙しすぎて、寝る時間さえありません。

（太忙了，甚至连睡觉的时间都没有。）

一、请给下列画线词选择正确的读音或汉字。

1. ご飯が<u>冷め</u>ないうちに、召し上がってください。
   ①つめ　　　②さめ　　　　　③とめ　　　　　④やめ

2. もうすぐ日が<u>暮</u>れるよ。早く帰ったほうがいいよ。
   ①く　　　　②ぐ　　　　　　③くら　　　　　④ぐら

3. 自分が選んだ道だから、<u>愚痴</u>はやめなさい。
   ①おろか　　②ちかん　　　　③げち　　　　　④ぐち

4. 二人は<u>ささい</u>なことで喧嘩してしまった。
   ①細歳　　　②細小　　　　　③些細　　　　　④細微

5. 息子の家出(いえで)は彼に大きな<u>しょうげき</u>を与えた。
   ①打撃　　　②衝突　　　　　③沖撃　　　　　④衝撃

二、请选择合适的句型。

1. 保険に入っていた_____、入院して手術(しゅじゅつ)を受けることができた。
   ①せい　　　②なので　　　　③おかげで　　　④だから

2. あの人は外国で_____よく知られている有名なプロデューサーです。
   ①しか　　　②さえ　　　　　③ある　　　　　④なら

3. あの頃の僕は貧乏(びんぼう)で、車を買う_____、食事らしい食事をするお金もなかった。
   ①にしても　②おかげで　　　③どころか　　　④さえ

第10課　「○○のせいで」と「○○のおかげで」

4. この料理は温かい_____、食べたほうがもっとおいしい。

　①とき　　　②うちに　　　③ごろ　　　④ぐらい

5. 結婚するどころか、未だに彼女_____いない。

　①のうち　　②さえ　　　③なら　　　④のおかげで

三、请给下文的★处选择最合适的选项。

1. 病気になって、_____　★_____　_____　_____。

　①食欲がないため　　　　②大好きな

　③食べたくない　　　　　④すき焼きさえ

2. もう3ヶ月日本語を_____　★_____　_____　_____覚えられない。

　①仮名さえ　②簡単な会話　③どころか　④勉強したのに

3. 一生_____　★_____　_____　_____と思っている。

　①一回　②日本へ行きたい　③ぐらいは　④のうちに

四、将下列汉语翻译成日语。

1. 幸亏早早接受了手术，病情才没有恶化。

2. 趁着天还没黑，赶快回家吧。

3. 就连父母也不理解我。

4. 多亏大家的协助，工作早早结束了。

新単語

悪口（わるくち）②	名	中伤，坏话，诽谤
築く（きずく）②	他动五	修筑，构筑；确立
円滑（えんかつ）⓪	形动	顺滑，顺利
湯（ゆ）①	名	开水，热水
冷める（さめる）②	自动一	变冷，变凉；减退
山道（やまみち）②	名	山道，山中的道路
険しい（けわしい）③	形	险峻的；可怕的，险恶的
バッテリー⓪①	名	电池
充電（じゅうでん）⓪	名；自他动サ	充电
生命保険（せいめいほけん）⑤	名	生命保险，人寿保险
真剣（しんけん）⓪	名；形动	真刀，真剑；认真地
福祉制度（ふくしせいど）④	名	福利制度
招待状（しょうたいじょう）⓪	名	邀请函
自体（じたい）①	名；副	自身，本身
煩悩（ぼんのう）⓪③	名	烦恼
塊（かたまり）⓪	名	疙瘩，块
衝撃（しょうげき）⓪	名	冲击，撞击；刺激，打击
出来事（できごと）②⓪	名	事件，事故
改めて（あらためて）③	副	稍后，再次
しみじみ③	副	深切；亲密；仔细
振り返る（ふりかえる）③	他动五	回头看，回顾
不満（ふまん）⓪	名；形动	不满，不满足
愚痴（ぐち）⓪	名；形动	牢骚，怨言

第10課　「○○のせいで」と「○○のおかげで」

一面（いちめん）⓪②	名	事物的一个方面，一面
単純（たんじゅん）⓪	名；形动	单纯，简单
マイナス⓪	名；他动サ	减去，去掉，负数，损失
受け止める（うけとめる）④⓪	他动一	接住，挡住；阻止；理解
変換（へんかん）⓪	名；自他动サ	变换
証拠（しょうこ）⓪	名	证据
恨む（うらむ）②	他动五	抱怨，怨恨
事実（じじつ）①	名；副	事实上，实际上
向ける（むける）⓪	自他动一	向，朝
成り立つ（なりたつ）③⓪	自动五	成立，构成
視野（しや）①	名	视野；眼界，眼光
テーマ①	名	主题
些細（ささい）①	形动	些小，细微，一点点
絆（きずな）⓪	名	纽带，羁绊
聴解（ちょうかい）⓪	名	听解
退屈（たいくつ）⓪	名；形动；自动サ	无聊，厌倦
イケメン⓪	名	长相好看的男性
技術（ぎじゅつ）①	名	技术
治る（なおる）②	自动五	治疗，医治
ガイドブック④	名	旅游指南，参考书
お寺（おてら）⓪	名	寺庙
家出（いえで）⓪	名；自动サ	离家出走，逃出家门
手術（しゅじゅつ）①	名；他动サ	手术
プロデューサー③	名	制片人，制作人
貧乏（びんぼう）①	形动	贫穷
すき焼き（すきやき）⓪	名	日式牛肉火锅

日本饮食之居酒屋

日本的居酒屋是劳累了一天的人们晚上喝酒休息的地方，所以一般都是五点之后开始营业。下班后拉上公司同事或者好友喝喝小酒，吐吐槽，发发牢骚，说说心事。居酒屋已经成了日本文化中不可或缺的一部分。

一般的居酒屋都是日式的，有大有小。一般来说，大型的居酒屋适合公司聚会。小居酒屋一般是楼下有吧台，有十个左右的座位，有些店还有"座敷"「ざしき」，然后楼上提供最多二十个人左右集会的空间，例如常见的"飲み会"「のみかい」、"送别会"「そうべつかい」、"歓迎会"「かんげいかい」。

推开一家居酒屋的小门，一定会听到一句亲切的「いらっしゃいませ」，然后会有人给你递上"お絞り"（湿毛巾）和"突出し"（冷菜）。

所谓的"突出し"是最先递上来的小菜，但不是免费的。基本上作为习惯，一般不用说就会直接端上来。也有极少数人不需要，但是他们一进店就会提前说明。

接着就是问你喝什么"飲み物"（饮料）。日本人的习惯是进来先喝上一杯，然后再开始点单。

最后就是吃的了。每家店里的特色都不一样，但是作为居酒屋最不可缺少的就是鱼了。各种刺身基本上是每个居酒屋必有，也是每个客人基本都会点的一道菜。有些居酒屋还会有河豚。这个是需要厨师获得相关资质的，据说相当难考，但是日本爱吃河豚的人不在少数。

第11課　立つ鳥は跡を濁さず

1. このレストランは味もよければ、雰囲気もいいから、ずいぶん人気を呼んでいる。
2. 物の足りない時代を生き抜いてきたからこそ、物は捨てない。
3. 日本へ留学に来たからには、語学の勉強だけでなく、日本文化もどんどん学ぼう。
4. 勤務中にもかかわらず、職場を離れるのは非常識だ。
5. 重要な会議だから、遅刻するわけにはいかない。
6. 壁の落書き、これは太郎の仕業に違いありません。

1. A：こんなパーティーに参加する人はほとんど20代の若者でしょう。
   B：いや、そうでもないです。参加者は若者もいれば、30代、40代のおじさん、おばさんもいます。

2. A：渡辺さんは医者だから、たばこを吸わないでしょう。
   B：いえいえ、わたしはたばこも吸えば、お酒も飲みます。まさに「医者の不養生」です。

3. A：なんでフランス語を勉強するの？難しいでしょう。
   B：難しいからこそ、挑戦してみたいんです。

4. A：課長、こんな大事な仕事を私に任せてよろしいんでしょうか。
   B：大丈夫。君だからこそできると信じてるんだ。頑張って。

5. A：では、頼んだぞ。
   B：はい。ご安心ください。引き受けたからには、責任を持って全力を尽くします。

6. A：何事も、やるからには一番を目指す。これがわたしの哲学だ。
   B：先輩のその姿勢にいつも感心しています。

7. A：明日、遊園地に行くの？
   B：もちろん行くよ。子供との約束を破るわけにはいかないから。

8. A：あのう、今二百円しか持ち合わせていないんです。寄付してもいいですか。
   B：金額の多少にかかわらず、寄付は大歓迎です。

9. A：この町は深夜にもかかわらず、人出が多くて賑やかですね。
   B：ここら辺は不夜城とも呼ばれている繁華街ですから、人出が少ないと困りますよ。

10. A：もう五時半でしょう。次郎はまだ帰ってきてないの？
    B：またきっとどこかで油を売ってるに違いない。しょうがないなあ。

第11課　立つ鳥は跡を濁さず

11. 2月に入ってからは、円高がずっと続いています。にもかかわらず、国の統計によると、今年日本を訪れた外国人観光客は過去最高を更新したそうです。

立つ鳥は跡を濁さず

社会人らしさが現れやすい場面。

それが、退職です。

「もう終わりだからどうでもいい」と考える人もいれば「終わりだからこそきちんとしたい」という人もいるでしょう。

考えは自由ですが、退職するからには、円満を目指す理由も整理しておきたいところです。

なぜ円満な退職を目指すのか。

その理由は、3つあります。

1. 人とのつながりを保つため

退職すれば、契約上は社員ではなくなりますが、個人の付き合いは自由です。

一緒に仕事をした仲間ですから、さまざまな思い出があるでしょう。

人も財産です。

円満に退職すれば、社員ではなくても、個人の良好なつながりを保てます。

「もう辞めるのだから人間関係もどうでも良い」、というわけにはいかない。

利害損得は関係なく、個人的な人間関係として、退職後の大きな財産になるでしょう。

職場は変わっても、あるとき思いがけない人脈として助けられることもあ

るかもしれません。

2. 人生の一時期を一緒に過ごした感謝を示すため

お世話になった方々がたくさんいるはずです。

時には、上司から叱られたり同僚と喧嘩したりした出来事もあるかもしれません。

しかしそれでも、大変な仕事を共有した仲間であることは変わりありません。

人生の一時期を共に過ごした人たちなのです。

関係の善しあしにかかわらず、最後はきちんと感謝を伝えることが大切です。

3. 社会人としての品格を示すため

やはりきれいな別れ際を目指すのが、社会人としての理想的な姿です。

立ち去り際が見苦しくないよう、美しい別れ方ができれば、次のステップにも気持ちよく進めるでしょう。

きれいな別れ方ができれば「あの人は立派だったね」と言われるに違いありません。

お世話になった感謝を伝えるだけでなく、社会人としての品格を示す上でも、円満な退職を目指すのが理想です。

（https://happylifestyle.com/16104 による）

一、～も～ば～も～

接続： 形词干 – けれ
形动 – であれば / なら（ば） ＋ば～も～
动 – 假定形

第11課　立つ鳥は跡を濁さず

解说：该句式表示在前面叙述的基础上以递进的方式继续加以叙述，意思上相当于汉语中的"既……又……"。

例

▶ まだ子供なのに、料理も作れれば、洗濯もできる。

（虽然还是孩子，但是既会做饭又会洗衣服。）

▶ 主人はたばこも吸えば、お酒もよく飲むから、困るなあ。

（丈夫既吸烟又经常喝酒，太苦恼了。）

▶ このレストランは味もよければ、雰囲気もいいから、ずいぶん人気を呼んでいる。

（这个餐馆的菜味道好，气氛也好，十分受欢迎。）

▶ このバッグは値段も手頃(てごろ)なら、色も落ち着いていて、すぐ購入(こうにゅう)を決めた。

（这个包价格合适，颜色又很庄重，马上决定买下来。）

二、～からこそ

接续：　句子 ＋からこそ

解说：句子＋"からこそ"表示对原因理由的强调，意思上相当于汉语中的"正因为……"。

例

▶ 家族が支(ささ)えてくれたからこそ、今の私がいるのだ。

（正因为有了家人的支持，才有了现在的我。）

▶ 物の足りない時代を生き抜いてきたからこそ、物は捨てない。

（正因为从物质匮乏的时代生活了过来，所以舍不得扔东西。）

▶ 親は自分の子を愛するからこそ、厳しく叱ることがあるでしょう。

（父母正因为爱自己的孩子，所以有时才会严厉斥责。）

▶ 絶対優勝してみせると思っているからこそ、緊張しすぎて、散々(さんざん)負けてしまった。

（正因为想着要拿到冠军给大家看，才导致过分紧张而惨败。）

三、～からには/～からは

接续： 动－简体形 ＋からには/からは

解说：该句式表示"既然是这种情况，就……"，后项多为表决心、命令、义务的句子，意思上相当于汉语中的"既然……就……"。

例

▶ 試験に参加したからには、いい点を取るのは当たり前だ。

（既然参加了考试，那么争取好成绩是理所当然的事情。）

▶ 大学を辞めたからには、学歴に頼らぬ人生を過ごすしかない。

（既然放弃了大学，就只能过不依靠学历的人生。）

▶ 自分が選んだ道であるからには、泣きながらも最後までやりぬくべきだ。

（既然是自己选的路，即便哭着也要走到最后。）

▶ 日本留学を決めたからには、語学(ごがく)の勉強だけでなく、日本文化もどんどん学ぼう。

（既然决定去日本留学，就不只是语言的学习，日本文化也要好好学习。）

四、～にかかわらず/～にかかわりなく/～にはかかわりなく

接续1： 名／动词－基本型＋同一动词－ない形 ＋にかかわらず/にかかわりなく/にはかかわりなく

解说：该句式表示后项情况不受前项的影响、制约或限制，意思上相当于汉语中的"不论……都……""不管……都……"。

第11課　立つ鳥は跡を濁さず

▶ 経験があるかないかにかかわらず、情熱のある人を募集します。

（不论是否有经验，招聘有热情的人。）

▶ 日本語能力試験は年齢にかかわらず、外国人なら誰でも受験できる。

（日语能力考试不论年龄，只要是外国人，谁都可以参加考试。）

▶ 参加する、しないにかかわらず、１２日までに返事してください。

（不论是否参加，请在12号之前予以答复。）

▶ 金額の多少にかかわりなく、寄付は大歓迎です。

（不论金额多少，欢迎捐款。）

接续2：
```
名
形－简体形
形动－(である)        ＋にもかかわらず
动－简体形
```

解说：与"にかかわらず"不同，"～にもかかわらず"前项为既定事实，而后项情况与其相反，违背一般常理，出乎预料，意思上相当于汉语中的"尽管……但是……"。除上面所列举的接续用法之外，"～にもかかわらず"还可以作为接续词放在两个句子之间使用。

▶ 週末にもかかわらず、出勤しなければならない。

（尽管是周末，还必须上班。）

▶ 値段が他社より高いにもかかわらず、A社の製品はよく売れています。

（尽管价格比其他的公司高，但是 A 公司的产品还是卖得很好。）

▶ 夕べ遅くまで起きていたにもかかわらず、彼は朝早く起きてジョギングに出かけた。

（尽管昨晚睡得晚，他还是早早起来去跑步了。）

▶ 勤務中にもかかわらず、職場を離れるのは非常識だ。

（明明是在工作之中却擅离职守，这是很没有常识的。）

▶ 飲酒(いんしゅ)運転は危険であるにもかかわらず、未だに後(た)を絶ちません。

（尽管酒后驾驶是很危险的，但此类事件至今依然不断发生。）

五、～わけにはいかない / わけにもいかない

接续：
| 动 – 基本型 |
| 动 – ない形 | ＋わけにはいかない / わけにもいかない

解说：该句式表示虽然主观上有进行前项动作的愿望，但出于社会规则、道德观念等原因而不能进行，意思上相当于汉语中的"不能……"。

▶ 重要な会議だから、遅刻するわけにはいかない。

（因为是重要的会议，所以不能迟到。）

▶ これは人から借りた物だから、ほかの人に貸すわけにはいかない。

（因为这是从别人那借来的东西，所以不能借给其他人。）

▶ 勉強もできなかったし、仕事もできなかったし、このまま帰国するわけにはいかない。

（学习也没有学好，工作也没有做好，不能就这样回国。）

▶ 一人でやるのが難しいけど、みんなも忙しいから、手伝ってもらうわけにはいかない。

（虽然一个人做很难，但是因为大家都忙，所以不可能叫别人帮忙。）

六、～に違いない

接续：
| 名 –（である） |
| 形 – い |
| 形动 –（である） | ＋に違いない
| 动 – 简体形 |

第11課　立つ鳥は跡を濁さず

解说：该句式表示主观的推测，强调说话人对所陈述的事项有绝对的把握，意思上相当于汉语中的"一定是……"。

例
- ▶ 壁の落書き、これは太郎の仕業に違いありません。

  （墙上的涂鸦，一定是太郎干的。）
- ▶ 彼は実力派だから、合格するに違いない。

  （他是实力派，所以一定可以考过。）
- ▶ 電池を交換してもだめだから、このカメラは故障したに違いない。

  （换了电池也不行，所以这个相机一定是坏了。）
- ▶ 背の高い吉田さんの息子さんだから、背が高いに違いない。

  （吉田个子高，他的儿子一定也很高。）

一、～上（～じょう）

"……上"作为接尾词接在某些名词之后，表示以某个点、某个层面作为出发点，含有从该立场、该视角去审视之意。

例
- ▶ 生活上の注意事項（生活上的注意事项）
- ▶ 仕事上の人間関係（工作上的人际关系）
- ▶ 僕は性格上、このような仕事に向いていない。

  （我在性格方面，不适合这样的工作。）
- ▶ このようなやり方は法律上問題がない。

  （这样的做法在法律上讲没有问题。）

二、体言结句（体言止め）

体言结句也叫名词结句，即句尾以某一个名词直接结束句子，属于日语文章的写作手法与技巧之一，以前在日语的俳句与短歌等文学作品中较为常见。

其作用是：

1. 句子戛然而止，给文章在节奏上留下余韵。

2. 使文章在组织结构上显得紧凑，给读者带来干净利落、斩钉截铁的阅读感。

第 11 課　立つ鳥は跡を濁さず

一、请给下列画线词选择正确的读音或汉字。

1. 安全性を目指して生産活動を進めていく。

　①めさして　　②めざして　　　③もくし　　④こころざして

2. 皆様からいただいた寄付金は確実なところに使わせていただきます。

　①きふきん　　②きんふきん　　③きふがね　　④きんふんがね

3. 今年は円高による不況で倒産した企業が少なくありません。

　①まるだか　　②えんだか　　　③えんこう　　④えんごう

4. 最終的には実力がものをいう。

　①じつりょく　②じっりょく　　③じつしき　　④じっしき

5. どうすれば、火傷の_____を消すことができますか。

　①痕　　　　　②後　　　　　　③跡　　　　　④址

二、请选择合适的句型。

1. 日本語の勉強はここまで来たら中途半端に諦める_____。

　①わけだ　　　　　　　　　②わけではない

　③わけがない　　　　　　　④わけにはいかない

2. 足跡から見て、犯人はあの男_____。

　①に違いない　　　　　　　②しかない

　③に決まっていない　　　　④でしかたがない

3. あれほど努力した_____、とうとう失敗に終わってしまった。

　　①にしたがって　　　　　　　②とともに

　　③にもかかわらず　　　　　　④にかかわらず

4. この団体は年齢や社会地位に_____、どなたでも加入できます。

　　①とわず　　②かかわらず　　③よって　　　④ついて

5. 結婚する_____、二人で幸せに暮らしていきたい。

　　①からには　②からは　　　　③とはいえ　　④といえば

三、请给下文的★处选择最合适的选项。

1. そのままに_____　___★___　_____　_____落ちるに違いない。

　　①と　　　　　②怠ける　　　③テストに　　　④勉強を

2. みんなの支え_____　_____　___★___　_____乗り越えることができた。

　　①これまでの困難を　　　　②からこそ

　　③あった　　　　　　　　　④が

3. 事態が_____　_____　_____　___★___を考えなければなりません。

　　①からには　　②こうなった　　③対処するか　　④どのように

四、将下列汉语翻译成日语。

1. 她既会弹钢琴，画又画得好。

　　_____

2. 既已步入社会，就必须遵守作为社会人的常识。

　　_____

第11課　立つ鳥は跡を濁さず

3. 尽管下着大雨，街上的人还是很多。

_____

4. 既然来日本留学，毕不了业我就不回国。

_____

5. 那边聚集了许多人，一定是发生了什么。

_____

勤務（きんむ）①	名；自动サ	上班，任职，工作
仕業（しわざ）⓪	名	行为，所作所为
不養生（ふようじょう）②④	名；形动	不养生，不注意保健
挑戦（ちょうせん）⓪	名；自动サ	挑战
引き受ける（ひきうける）④	他动一	接受，承担；
持ち合わせる（もちあわせる）⑤⓪	他动一	现有，随身带着
金額（きんがく）⓪	名	金额，款额
寄付（きふ）①	名；他动サ	捐助，捐款
大歓迎（だいかんげい）③	名	非常欢迎
ここらへん⓪	名	这一带，这附近
参加者（さんかしゃ）③	名	参加者
不夜城（ふやじょう）②	名	不夜城
繁華街（はんかがい）③	名	繁华街
油を売る（あぶらをうる）⓪＋⓪	惯用语	磨洋工，偷懒
円高（えんだか）⓪	名	日元升值
統計（とうけい）⓪	名；他动サ	统计
過去（かこ）①	名	过去，既往
更新（こうしん）⓪	名；自他动サ	更新，革新
円満（えんまん）⓪	名；形动	完美，完满；圆满
思い出（おもいで）⓪	名	追忆，怀念
良好（りょうこう）⓪	名；形动	良好
繋がり（つながり）⓪	名	连接，相连，联系

第11課　立つ鳥は跡を濁さず

利害損得（りがいそんとく）①④	名	利害得失
思いがけない（おもいがけない）⑥⑤	形	意想不到的，意外的
人脈（じんみゃく）⓪	名	人脉，人际关系
一時期（いちじき）③	名	一段时期
示す（しめす）②	他动五	出示；表现，表示
共有（きょうゆう）⓪	名；他动サ	共有
別れ際（わかれぎわ）⓪	名	临别之际
理想（りそう）⓪	名	理想
立ち去り際（たちさりぎわ）⓪	名	起身离开之际
見苦しい（みぐるしい）④	形	丑陋，难看；看不下去
ステップ②	名	步伐，台阶；阶段；步骤
品格（ひんかく）⓪	名	品格，品质
手頃（てごろ）⓪	名；形动	合适，符合；趁手
購入（こうにゅう）⓪	名；他动サ	购入，买进
支える（ささえる）⓪	他动一	支持，支撑
散々（さんざん）③⓪	副；形动	狠狠地；狼狈，凄惨
語学（ごがく）①⓪	名	语言学；外语，外语学习
出勤（しゅっきん）⓪	名；自动サ	出勤，上班
他社（たしゃ）①	名	其他公司，别的公司
飲酒（いんしゅ）⓪	名；自动サ	饮酒
未だに（いまだに）⓪	副	未，还，至今仍
絶つ（たつ）①	他动五	断绝；停止，中断；结束
実力派（じつりょくは）⓪	名	实力派

交換（こうかん）⓪	名；他动サ	交换
向く（むく）⓪	自动五	向，朝；适合
法律（ほうりつ）⓪	名	法律
寄付金（きふきん）⓪②	名	捐款
火傷（やけど）⓪	名；自动サ	烫伤，烧伤
跡（あと）①	名	痕迹；印记；遗迹
中途半端（ちゅうとはんぱ）④	名；形动	半途而废，没有完成
足跡（あしあと）③	名	足迹，脚印；成就，业绩
団体（だんたい）⓪	名	团体，集体
乗り越える（のりこえる）④③	自动一	翻越，跨越，克服
困難（こんなん）①	名；形动	困难
事態（じたい）①	名	事态
対処（たいしょ）①	名；自动サ	对待处理，对待
整理（せいり）①	名；他动サ	整理，收拾

日本饮食之拉面

拉面最早起源于中国,现在却已经成为日本饮食文化的代表之一。正如美食评论家蔡澜先生曾经说过的:"拉面,像意大利粉一样,源自中国,但已被外国人变化了又变化,成为他们自己国家的食物。"

中国的拉面强调的是它的制作手法,依靠师傅精湛的技艺做出或粗或细的面条,加入以猪肉、牛肉或者海鲜熬制而成的清汤,撒一把葱花,放一勺辣椒油,就成了一碗喷香的面条。但日本的拉面指的是所有细滑的面,多用刀切或是压面机压出,根据各地的习惯,加入溏心蛋、紫菜、鱼板、叉烧等,制作成一碗营养丰富的美味。

日本的国土因为南北纵贯,纬度差距较大,因此各地之间的口味相差甚多。拉面在日本广泛传播后,分成了很多流派,主要以北、中、南三个区域划分为三大拉面。中国人现在常吃的味千拉面属于咸味拉面,这是一开始从唐人街里流传出来的版本,除此之外还有关东人喜欢的酱油味拉面和北海道本土化的味噌拉面。这里还有个小插曲,因为味噌拉面属于重口味,所以当地人吃拉面的时候通常还会配一碗白米饭!拉面反倒成了下饭菜了!

很多中国人在日本第一次吃拉面都会觉得很咸,据说是因为日本在经济紧张的年代很多拉面店里是可以免费续面的,为了保证加面后的口感,所以一开始会把味道调得比较重。

第12課　ずっと変わらぬ美味しさ

1. 彼女は病的なほどショッピングが好きだ。
2. 残念なことに、一番会いたかった友達には会えなかった。
3. 両方とも好きだから、なかなか一つには決めがたい。
4. ここは一年を通して暑い。
5. 生きてさえいれば、必ず良いことがある。

第12課　ずっと変わらぬ美味しさ

1. A：先週末、英語の参考書を買おうと思って、本屋を何軒か回ってみたんですけど、この手の本がズラリと並んでいて、どれを買ったらいいか迷っちゃう。

   B：うん。そういう本は掃いて捨てるほどあるからね、やはり先生か先輩の誰かに勧めてもらったほうがいいね。

2. A：今朝のニュースによると、台風12号が東北地方に上陸して、大きな被害をもたらしたそうですね。

   B：ええ、強い雨や風の影響で各地で停電や鉄道の運休といった被害が出たとのことですが、幸いなことに、死傷者がいませんでした。

3. A：田中さんは確か大学時代、短期留学で中国へ行ったことがあるんですよね。どうでしたか。

   B：大変楽しかったです。西安の交通大学で過ごした二か月間は僕の忘れがたい思い出となっています。またいつかチャンスがあれば、ぜひ行ってみたいですね。

4. A：あれほど頑張ったのに、最後の最後で逆転負けしてしまって、悔しいなあ。

   B：ええ、こんな結果になったのは非常に受け入れがたいけど、終わってしまったことは仕方がない。

5. A：インターネットを通じた買い物が日常生活に浸透してきていますが、そのメリットは何だと思いますか。

   B：そうですね。幅広い商品を選ぶことが出来るってことでしょう。日本にいながら、海外の物も手軽に買えますから。

6. A：仕事を通じて実現したいことは何ですか。

   B：社会に貢献し、多様な価値観に触れて自分を高めることです。

7. A：どうすればビジネス文書がうまく書けますか。

   B：ビジネス文書ですか。一見難しそうですが、実はそうでもないんです。基本さえ押さえておけば、簡単です。

8. 予期せぬ事故を未然に防ぐために、安全管理を徹底せねばならぬ。

9. 女性は結婚したら会社をやめねばならぬという考えはもう時代遅れだ。

ずっと変わらぬ美味しさ

世界で最も人気のあるファーストフードと言えば「マクドナルド」である。

私の家の近くにも店舗があり、休日の昼になると長蛇の列ができているほど。

速くて手軽なのがマクドナルドの良さなのでは？と思ってしまうが、不思議なことに並んでまで食べたいと思う人もいるようだ。

一方で「チキンナゲット」に使用されている鶏肉の品質管理問題など、話題も何かと多いのが世界のマクドナルドである。

そんなマクドナルドに、またしても驚愕な都市伝説が浮上した。

それが「腐らない」という信じがたい都市伝説である。

一般的な食料というのは、どんなに長持ちするものでも大抵は腐るものだ。

私の知る限りでは、腐らない食べ物は「アイス」しかないと記憶している。

ましてや、調理したものであればなおさらである。

あるアメリカの写真家が「半年間放置したマクドナルドのハンバーガー」の写真をネットを通じて公開した。

見た目には一切の変化がなく、匂いも変わらなかったという。

第12課　ずっと変わらぬ美味しさ

　もちろん、万が一のことを考えて、口にはしなかった。

　その3年後、アメリカのあるテレビ番組が驚愕の事実を報道した。

　それが「14年間放置したマクドナルドのハンバーガー」である。

　1999年に購入し、2013年まで放置し続けたハンバーガーを番組内で紹介したのだ。

　そして驚いたことに、見た目はもちろん匂いにも一切の変化がなかったという。

　普通に考えて、食べ物を14年間も放置したら、とんでもない匂いが漂ってきそうなのだが、マクドナルドのハンバーガーは、何の変化も起きなかったのだ。

　この報道に対し世間は「すげー！」「マクドナルド半端ねー！」となるはずもなく「なんか怖い」という懐疑的な声が大多数を占めた。

　これに対し、専門家は次のように語った。

　「一般的に食品は、雑菌が付着して、温度や湿度などの条件さえ揃えば腐ります。普通は手などから雑菌が付着しますが、たまたま乾燥などによって雑菌が繁殖する環境になかったのかもしれません。アップされた実験では、どういう条件で比較したのかわからないし、実験を何度も繰り返して同じ結果になることを確認しなければ、偶然かどうかもわからない。たった一度の実験で『マクドナルドのハンバーガーだけ腐らなかった』と主張するのは科学的ではありません。」

　端的に言うと、その検証には信憑性がなく、食品の安全にダイレクトに関わってくる問題ではない、ということである。

　この一連の報道に対し、日本マクドナルドの広報は「食材は全て国の基準を満たした物であり、防腐剤は一切使用していない」と反論。

　こうして「マクドナルドのハンバーガーは腐らない論争」は幕を閉じた。

　　　　　　（http：//xn--o9j0bk5542aytpfi5dlij.biz/makudo_td/ による）

一、～ほど

接续：
```
名
形 – 基本型
形动 – な
动 – 基本型 / ない形
```
+ ほど

解说：该句式是以列举具体事例或以比喻、夸张的形式来表达动作、状态所到达的程度，也常以"これほど、それほど、あれほど、どれほど"的形式使用，意思上分别接近于"こんなに、そんなに、あんなに、どんなに"。

例

▶ 彼女は病的なほどショッピングが好きだ。

（她喜欢购物到了病态的地步。）

▶ 今日の最高気温は38度を超え、死ぬほど暑い。

（今天的最高气温超过38度，热死了。）

▶ 最近白菜は信じられないほど値段が安い。

（最近的白菜便宜得简直让人不敢相信。）

▶ スモッグはこれほどひどいとは思ってもみませんでした。

（从没想到雾霾会如此严重。）

二、～ことに

接续：
```
形 – い
形动 – な
动 – た形
```
+ ことに

解说：该句式表示对后续事物的一种评价，意思上相当于汉语中的"令人感到……的是"。

▶ 火事になったが、幸いなことに誰も怪我しなかった。

（虽然发生了火灾，但幸运的是没有人受伤。）

▶ 驚いたことに、彼は東大に合格した。

（令人惊讶的是他考上了东大。）

▶ 嬉しいことに、ずっと好きだった絵本をやっと手に入れた。

（令人开心的是终于买到了一直喜欢的那本绘本。）

▶ 残念なことに、一番会いたかった友達には会えなかった。

（令人遗憾的是没有见到最想见到的朋友。）

三、～がたい

接续： 动－ます形 ＋がたい

解说：表示某种行为上的难以进行，与"～にくい"相比，"～がたい"比较偏重说话人的主观感觉，意思上相当于汉语中的"难以……"。

▶ 山田さんの意見には賛成しがたい。

（难以赞同山田的意见。）

▶ わたしにとって最も忘れがたいのは故里である。

（对我来说最难忘的是故乡。）

▶ 両方とも好きだから、なかなかひとつには決めがたい。

（因为两个都喜欢，很难确定选其中哪一个。）

▶ みんなに信頼されているあの人があんなことをするなんて、本当に信じがたい。

（大家都信赖的那个人做出那样的事情，真是难以置信。）

四、～を通じて／～を通して

接续：　名　＋を通じて／通して

解说：该句式表示通过或借助某种手段、媒介等使后项行为或事态得以实现，意思上相当于汉语中的"通过……"。

从使用倾向上来说，"を通して"一般接在表示人、事、动作相关的名词后，表示将其作为中介或手段获得知识、经验；而"を通じて"一般多用于经由某事物来传达信息或建立关系。

另外，两者也都可以前接表示时间段的词汇，表示在某一固定时间段内某种状态的持续。

例

▶ 山田さんを通じて、留学生の李さんと知り合った。

（通过山田认识了留学生小李。）

▶ アルバイトを通して、勉強以外の経験をしたり、社会知識を学んだりすることができる。

（通过打工可以经历学校学习之外的事情，也可以学到社会知识。）

▶ これは実態(じったい)調査を通して手に入れたデータです。

（这是通过实况调查获得的数据。）

▶ インターネットを通じて、海外の情報を簡単に手に入れることができる。

（通过网络可以方便地获得国外的信息。）

▶ ここは一年を通して暑い。

（这里整年都很热。）

▶ 日本語の勉強を一生を通じて続けていきたい。

（想一生都持续学习日语。）

五、～さえ～ば

接续：
| 名 –（で） |
| 形 – く |
| 形动 – で |
| 动 – ます形 / て形 |

＋ さえ…ば

解说：该句式用来限定唯一、必要的假定条件，意思上相当于汉语中的"只要……的话……"。

注意：该句式接续比较复杂，且接续的不同会产生句意上的差异，具体如下：

1. 名词 / 形容动词：

～でさえあれば（只要是……）

～でさえなければ（只要不是……）

例

▶ 健康でさえあれば、幸せだと思います。

（我认为只要健康，就是幸福。）

▶ 日本国籍(こくせき)でさえなければ、誰でも日本語能力試験を受けることができる。

（只要不是日本国籍，谁都可以参加日语能力考试。）

▶ 交通が便利でさえあれば、都心と少し離れても大丈夫だ。

（只要交通便利，离市中心远一点儿也没关系。）

2. 形容词：

～くさえあれば（只要……）

～くさえなければ（只要不……）

例

▶ おいしくさえあれば、いくら高くても食べに行く。

（只要好吃，不管多贵都去吃。）

▶ 給料さえ高ければ、ほかはどうでもいいです。

（只要工资高，其他的都无所谓。）

▶ 高くさえなければ、よく売れると思う。

（我想只要不贵，就会卖得好。）

3. 动词：

この薬さえ飲めば〜（只要吃这个药就……）

この薬を飲みさえすれば〜（这个药只要吃就……）

この薬を飲んでさえいれば〜（这个药只要吃着就……）

例

▶ ちょっとした自分の自由時間さえあれば、今の私にとってはもう十分満足できる。

（只要稍微有一点儿自己的自由时间，对现在的我来说就十分满足了。）

▶ 車は乗れさえすれば、ぼろくても大丈夫です。

（车只要还能开，破旧一点儿也没关系。）

▶ 生きてさえいれば、必ず良いことがある。

（只要活着，必然会遇到好的事情。）

 词语与表达

一、〜ぬ / 〜ねばならぬ

动词的"ない"形去掉"ない"后接"ぬ"，是日语中的文言否定式，可以用于修饰名词，也可以用于结句，是比较生硬的书面表达。

注意："サ变"动词"〜しない"的文言否定式是"〜せぬ"。

另外，"〜ねばならない"是"〜なければならない"的一种书面表达，注

第12課　ずっと変わらぬ美味しさ

意"サ変"动词"～しなければならない"需要说成"～せねばならない"。

▶いつまでも変わらぬ愛を君に届けてあげたい。

　（想给你永恒不变的爱。）

▶事態が思わぬ展開となった。

　（事态的发展令人深感意外。）

▶遠い理想の実現のためには、近い現実に努力せねばならぬ。

　（为了实现远大的理想就必须在目前的现实中努力。）

二、关于文中的年轻人用语

在日语中，时常会有一些使用不规范的年轻人用语，日语中称之为"若者言葉"。这样的语言表述由于太过随意，一般很少用于文章。

本文中出现的有：

1. "すげー"是"すごい"的年轻人用语。

2. "半端ねー"是"半端ない"。而"半端ない"本身也是年轻人用语，正规的说法是"半端ではない"，即，"不一般""了不起"的意思。

一、请给下列画线词选择正确的读音或汉字。

1. ここで会うとは<u>世間</u>も狭いものだ。

   ①せけん　　②よけん　　③せかん　　④よかん

2. この地方には森や山についての神秘な<u>伝説</u>が伝わっている。

   ①でんぜつ　②でんせつ　③てんぜつ　④てんぜつ

3. 夏は果物が<u>腐り</u>やすい。

   ①さがり　　②あがり　　③くだり　　④くさり

4. 結婚式はなるべく<u>手軽</u>なものにすませたいと考えている。

   ①てがる　　②てはい　　③てばやい　④ておくれ

5. 歴史は決して<u>くりかえす</u>ことはない。

   ①繰り返す　②送り返す　③乗り返す　④切り替えす

二、请选择合适的句型。

1. 悲しい_____に、かわいがっていた猫が死んでしまいました。

   ①こと　　　②ひと　　　③もの　　　④とき

2. 大学時代の友達と会うと、いつも別れ_____。

   ①っぽい　　②がちだ　　③がたい　　④やすい

3. 彼は一生_____日中友好のために力を入れている。

   ①を通じて　②として　　③に沿って　④においても

第12課　ずっと変わらぬ美味しさ

4. 人間にとっては、戦争＿＿＿＿＿悲惨(ひさん)なものはないだろう。

　　①ほか　　　②ほど　　　③だけ　　　④こそ

5. お金を使いさえ＿＿＿＿＿、何でもできるというわけではない。

　　①あると　　②すると　　③あれば　　④すれば

三、请给下文的★处选择最合适的选项。

1. これは本当に＿＿＿＿　＿＿★＿＿　＿＿＿＿　＿＿＿＿値段だから、どうしても手が出せない。

　　①目玉(めだま)が　　②ほど　　③の　　④飛(と)び出る

2. あなたのそういう＿＿＿＿　＿＿＿＿　＿＿★＿＿　＿＿＿＿がたい。

　　①なかなか　　②には　　③賛成し　　④考え

3. 仕事が忙しい＿＿＿＿　＿＿＿＿　＿＿＿＿　＿＿★＿＿ある。

　　①時は　　　②さえ　　③会社に　　④泊まること

四、将下列汉语翻译成日语。

1. 令人难以置信的是，他一次就考取了东京大学。

　　＿＿＿＿＿＿＿＿＿＿＿＿＿＿＿＿＿＿＿＿＿＿＿＿＿＿＿＿＿＿＿＿

2. 发生了令人惊讶的奇迹。

　　＿＿＿＿＿＿＿＿＿＿＿＿＿＿＿＿＿＿＿＿＿＿＿＿＿＿＿＿＿＿＿＿

3. 只要房租便宜，房子稍微小点儿也没关系。

　　＿＿＿＿＿＿＿＿＿＿＿＿＿＿＿＿＿＿＿＿＿＿＿＿＿＿＿＿＿＿＿＿

4. 通过大学同学，终于和她取得了联系。

　　＿＿＿＿＿＿＿＿＿＿＿＿＿＿＿＿＿＿＿＿＿＿＿＿＿＿＿＿＿＿＿＿

新単词

病的（びょうてき）⓪	形动	病态的，不健康的
両方（りょうほう）③⓪	名	两边，两侧
～軒（～けん）①	接尾	表示房屋、商店等数量
手（て）①	名	种类，类型
ずらり②③	副一	大排，成排的
掃く（はく）①	他动五	扫，打扫
～号（～ごう）	接尾	期，号
上陸（じょうりく）⓪	名；自动サ	登陆，登岸
齎す（もたらす）③	他动五	带来，带去
鉄道（てつどう）⓪	名	铁道
連休（れんきゅう）⓪	名	连续放假
死傷者（ししょうしゃ）②	名	死伤者
逆転負け（ぎゃくてんまけ）⓪	名	由有利局面转输，反胜为败
受け入れる（うけいれる）④⓪	他动一	接纳，接受；收进，收入
浸透（しんとう）⓪	名；自动サ	渗透
メリット①	名	优点，好处
幅広い（はばひろい）④	形	宽广；广泛
手軽（てがる）⓪	形动	简单容易，轻而易举
貢献（こうけん）⓪	名；自动サ	贡献
多様（たよう）⓪	名；形动	多种多样的
高める（たかめる）③	他动一	提高，提升
文書（ぶんしょ）①	名	文书，公文
一見（いっけん）⓪	名；他动サ；副	稍微一看，乍一看

第12課　ずっと変わらぬ美味しさ

押さえる（おさえる）②③	他动一	按，压；摁住
予期（よき）①	名；他动サ	预期，事先期待的
未然（みぜん）⓪	名	未然
防ぐ（ふせぐ）②	他动五	防守，防止；预防，预备
徹底（てってい）⓪	名；自动サ	彻底
時代遅れ（じだいおくれ）④	名	落后于时代，落伍
ファーストフード⑤	名	快餐
店舗（てんぽ）①	名	商店，店铺
長蛇（ちょうだ）①	名	长蛇，形似长蛇的东西
列（れつ）①	名	队，行列，排
チキンナゲット④	名	煎鸡块
話題（わだい）⓪	名	话题
何かと（なにかと）⓪④	副	各方面
驚愕（きょうがく）⓪	名；自动サ	惊愕，震惊
都市伝説（としでんせつ）③	名	都市传说
浮上（ふじょう）⓪	名；自动サ	浮出，显露头角
長持ち（ながもち）③④⓪	名；自动サ	耐久，持久，经久耐用
まして③①	副	何况，况且
調理（ちょうり）①	名；他动サ	烹调，烹饪
写真屋（しゃしんや）⓪	名	照相馆
放置（ほうち）①⓪	名；他动サ	置之不理；放置，搁置
ハンバーガー③	名	汉堡包
万が一（まんがいち）①	名；副	万一
報道（ほうどう）⓪	名；他动サ	报道
漂う（ただよう）③	自动五	漂浮；漂；徘徊
世間（せけん）①	名	世间，社会，世人

半端（はんぱ）⓪	名；形动	数量不足；不彻底
懐疑（かいぎ）①	名；他动サ	不相信，怀疑
大多数（だいたすう）④③	名	大多数
雑菌（ざっきん）⓪	名	杂菌
湿度（しつど）①②	名	湿度
条件（じょうけん）③⓪	名	条件
付着（ふちゃく）⓪	名；自动サ	附着，胶着
乾燥（かんそう）⓪	名；自他动サ	干燥，弄干；枯燥
繁殖（はんしょく）⓪	名；自动サ	繁殖
アップ①	名；自他动サ	提高，提升
主張（しゅちょう）⓪	名；他动サ	主张，见解，看法
科学（かがく）①	名	科学
端的（たんてき）⓪	形动	明显，清楚；直截了当
検証（けんしょう）⓪	名；他动サ	查证，查验；验证
信憑性（しんぴょうせい）⓪	名	可靠性，可信度
ダイレクト①③	形动	直接的
一連（いちれん）⓪	名	一连串，一系列
広報（こうほう）①⓪	名	宣传，报道
基準（きじゅん）⓪	名	基准，依据，基本准则
満たす（みたす）②	他动五	充满，填满；满足
防腐剤（ぼうふざい）⓪③	名	防腐剂
論争（ろんそう）⓪	名；自他动サ	争论，争辩
幕（まく）②	名	幕布，幕；场面
閉じる（とじる）②	自他动一	关，闭，盖上；合上，结束
反論（はんろん）⓪	名；自他动サ	反论，反驳
実態（じったい）⓪	名	实际状态，实情

第12課　ずっと変わらぬ美味しさ

国籍（こくせき）⓪	名	国籍
ぼろい②	形	一本万利的；粗制滥造的
展開（てんかい）⓪	名；自他动サ	开展；展现；展开
神秘（しんぴ）①	名；形动	神秘
なるべく③⓪	副	尽可能
悲惨（ひさん）⓪	名；形动	悲惨
目玉（めだま）③⓪	名	眼球，眼珠子
飛び出る（とびでる）③	自动一	开始飞，跑出去
なおさら⓪	副	更加，越发

日本饮食之梅干

在日本，制作梅干（うめぼし）是一件重要的事情。每年6月的时候，将成熟的梅子果实用盐腌制过后再晒干，吃的时候一般拌着紫苏、海带等。另外，也有不少日本人会吃梅子的果仁，在日本俗称"天神"。

其实梅子的原产地是中国。它原本是做梅子醋的副产品，可入药，有清热解毒的作用。之后被当作中药传入日本，所以在日本遥远的平安时代是作为中药来食用的。后来到了战国时代，梅干又因为易于携带和保存，同时又可以预防传染病，于是在军队里被广泛使用。再加上梅干又有生津止渴的作用，行军时也经常携带。因此，梅干变成了一种很重要的战略物资。当时如果有立功的武将，甚至会被奖励一片梅子林。

由此可见，日本人吃梅干有上千年的历史了。

后来到了近现代，因为物资缺乏，白饭配上一粒梅干就变成了经典的日本军旗白饭。而在思乡的时候，白饭配梅干成为经典的解乡愁的食物。

梅干由于是用盐腌渍过的，所以保质期很长。据说现存历史最悠久的一颗梅干是公元1400年生产的。经过600多年的时间，它尝起来会是什么味道呢？

前些年还有年轻人认为腌渍的食品有碍健康，但随着科技的发展，梅干的种类越来越多，制作流程也在不断改进，现在梅干已经是深受日本人所喜爱的长寿食物了。

第13課　血液型占いの根拠と信頼度

1. これは私自身の経験に基づいた判断です。
2. 健康を維持するには早寝早起きが一番だ。
3. 努力せずには目標を達しえない。
4. あんな中途半端なやり方では失敗するに決まっている。
5. 午後には台風10号が東北地方に上陸する恐れがある。

1. A：今年のベストセラーとなったこの小説、非常に素晴らしいって言われていますが、読んだことがありますか。
   B：はい、読みました。ストーリーが実話に基づいていて、共感を得やすい傑作です。
2. A：日本の消費税はあまりにも高すぎます。
   B：ええ、できれば出したくないですよね。
3. A：あのう、すみませんが、粗大ごみを処分するには、どうすればいいですか。
   B：粗大ゴミは各市区町村によって処分、回収方法、出し方、捨て方が異なるから、市民課の粗大ごみ収集受付センターに電話して聞いてください。
4. A：お客様のクレームに対処するポイントは何ですか。
   B：考え得るあらゆる事態を想定し、でき得る対策を事前に立てるってことじゃないんですか。
5. A：人工知能を有するロボットの研究は進められているようですが、でも、ロボットに意識や感情を持たせるなんて、成し得ないとは思いませんか。
   B：さあ、どうでしょうね。
6. A：最近、セールスなどの迷惑メールが大量に送られてきて、もううんざりだ。田中さんはどう対処している？
   B：わたしは怪しいメールが入ったら、ただちに削除するようにしているよ。ウィルス感染の恐れがあるから。
7. A：結婚相手に求める条件として、学歴が大切だと思いますか。
   B：そうですね。社員を採用するなら、高学歴のほうが良いに決まって

第13課　血液型占いの根拠と信頼度

　　　いるが、結婚相手を選ぶなら、一概には言えないと思います。

8. A：大学を辞めたいって？ご両親にちゃんと相談した？

　　B：相談すれば反対されるにきまってる。

血液型占いの根拠と信頼度

　好きか嫌いかは別にして、世の中に様々な占いがあることに関してはみなさんご存知だと思います。

　血液型、星座のようなシンプルなものから、占星術のような学問に近いもの、他にも姓名判断や、手相などなど例を挙げればキリがないほどです。

　さて、その中でもここで取りあげてみたいのは血液型占いについてです。

　はたして、血液型に基づく性格診断などというものは、どの程度の信憑性があるのでしょうか？

　まずは、血液型占いのおおまかな占い結果をご紹介します。あまりにも普及している占いのため、占い結果については知っている人も多いかもしれませんね。

　A型の方は、真面目。B型の方は、豪快。O型の方は、大雑把。AB型の方は、二重人格の面がある。極端に、簡単に書くと、まあ、こんな感じです。

　この結果を見て、多くの人が「当たっている！」と自分の占い結果に一喜一憂してきたのです。

　多くの人が「当たっている！」と思ったからこそ、このシンプルすぎる占いが、現在でも使用されているわけです。

　でも、ちょっと待ってください。本当に人間ってそんなに単純なのでしょ

うか。

　血液型というのは、どう頑張っても4種類しかないのです。ということは占い結果も、当然4種類しかありません。それを占いと呼ぶには、さすがに無理があると個人的には思います。

　たとえば「今日のラッキーは、A型の人」。

　日本人の4割はA型です（ちなみにO型3割、B型2割、AB型が1割とのことです）。

　ということは、日本人口の4割がラッキーになってしまいます。

　そんな幸せいっぱいの世の中はありえない。やはりたった4種類で占いをやること自体、無理なのです。

　ひねくれた考えかもしれませんが、個人的には、「O型の人の今日のラッキーアイテムは、缶コーヒー！」なんて言われたら、「この裏にはスポンサーとして飲料品メーカーが絡んでいるに決まっている」と思ってしまいます。

　全人口の3割が当日、缶コーヒーを買えば、飲料品メーカーは大勝利です。もちろん、そんなことにはならないでしょうが…

　ここまで読んでくださった皆さんの中には、「でも血液型の性格占いって、結構当たっているよ」と思う人も多いかと思います。

　なぜ、そう思ってしまうのか。

　ほとんどの人は、内面に様々な性格を持っています。具体的に言うと、真面目な部分もあれば大雑把になってしまう部分もあります。時には豪快な面も見せるだろうし、裏表があるように見えてしまうこともあるのです。

　まあ、普通の人間なら当たり前のことです。すると、どうでしょうか。前半部分で述べたA型、B型、O型、AB型全ての特徴が1人の人間の内面に住んでいることとなるのです。

　その中の一部をピックアップされると、「そういえば、私にはそういう部

第 13 課　血液型占いの根拠と信頼度

分があるな…血液型占いって当たるね！」となってしまうということです。

　血液型で占いをするというのは日本特有のものです。日本独自の文化とも言えるでしょう。「血液型なんかで占いができるわけがない」というのが外国人の一般的な意見だそうですが、私個人の見解は少し違います。

　日本人の多くは、幼少の頃から血液型に拘って、散々血液型占いを聞かされてきたわけですから、先に述べたような「刷り込み」で性格が変化してきた例も少なくないかと思うのです。

　ですので、日本人に限っては少なくても外国人よりは、一般的な占い結果に近い性格の人が多いように感じます。

　どちらにせよ、占いは楽しむ程度であれば、特に害はないものです。話のネタの一つとして楽しむくらいであれば、血液型占いもいいかもしれません。でも、信じ込んでると、精神的な不安に陥ったり、自分を見失ったりする恐れがあります。

　ちなみに私はＢ型の人が苦手です。

　　　　　（http：//menzine.jp/trivia/ketuekigatauranai7891/による）

一、～に基づいて／～に基づき／～に基づく／～に基づいた

　　接続：　名　＋に基づいて／に基づき／に基づく／に基づいた
　　解说：该句式表示以……为基础，以……为依据，相当于汉语中的"基于……"。

　　例
　　▶調査結果に基づいて、宣伝戦略を作る。

　　（基于调查结果来制定宣传战略。）

▶この小説は事実に基づいた物語です。

（这个小说基于一个真实的故事。）

▶これは私自身の経験に基づいた判断です。

（这是基于我自己的经验所做出的判断。）

▶会社の経営理念(りねん)に基づき、コマーシャルを作る。

（基于公司的经营理念制作商业广告。）

二、～には

接续： 动－基本型 ＋には

解说：动词基本型后接"には"，表示"要进行该动作、要实现该行为则需要……"后项多是要实现前项时所需具备的条件或应付出的行为，也可以用来描述要进行前项行为时所面临的现状。

▶あのお寺へ行くには、高くて険しい山を越(こ)えるしかない。

（要去那个寺庙，必须跨越高而险峻的山。）

▶海外旅行に行くには、パスポートがなければならない。

（要去海外旅行就必须要有护照。）

▶そのレストランで食事をするには、少なくとも一ヶ月前に予約する必要がある。

（要去那家餐馆吃饭，至少要提前一个月预约。）

▶健康を維持するには、早寝早起きが一番だ。

（要维持健康，早睡早起是最好的。）

三、～得る

接续： 动－ます形 ＋得る

第13課　血液型占いの根拠と信頼度

解说：动词"得る"有"うる"和"える"两个基本型，使用"ます形"时只能读作"えます"，简体否定式也只能读作"えない"，简体过去式只能读作"えた"等等；凡发生词尾活用时，只能在"える"的基本型上展开变化。

"得る"接在动词"ます形"之后，表示某个动作、行为、事件发生的可能性。意思上相当于汉语中的"可以……""有……的可能"。

注意：该句式除口语中多用"あり得ない"这一表达之外，基本只用于书面表达。

例

▶ 金にならないものは評価しえない。

（无价值的东西无法评价。）

▶ 見聞(けんぶん)の狭い人は広い世界を理解しえない。

（见闻狭隘的人理解不了广阔的世界。）

▶ 努力せずには目標を達しえない。

（不努力就实现不了目标。）

▶ 海水面(かいすいめん)が上昇し続ければ、この島(しま)は沈んでしまうこともありうる。

（海平面继续上升的话，这个岛可能会沉没。）

四、～に決まっている

接续：
| 名 |
| 形－い |
| 形动－词干 |
| 动－简体形 |
＋に決まっている

解说：该句式表示说话人对某一件事或状态做出极为肯定的判断，有一种不容置疑的语气，意思上接近于汉语中的"一定……""肯定……"。

例

► あんな中途半端なやり方では失敗するに決まっている。

（那样半途而废的做法注定是要失败的。）

► こんないたずらをしたのはあいつに決まっている。

（搞这样恶作剧的一定是他。）

► こんな豪華な別荘に住んでいるんだから、金持ちに決まっている。

（住这样豪华别墅的一定是个有钱人。）

► 夜遅くまでゲームをしていたから、授業中は眠たいに決まっている。

（玩游戏到很晚，上课的时候一定会犯困的。）

五、～恐れがある

接续：
| 名 – の |
| 动 – 基本形 |
＋恐れがある

解说：该句式与表示说话人对某种事态的估计与预测，因而前项应是某种表示负面情况的词汇与语句，意思上相当于汉语中的"恐怕……""有可能……"。

例

► 午後には台風10号が東北地方に上陸する恐れがある。

（10号下午台风可能会登陆东北地区。）

► こんな経営状態では、会社は倒産の恐れがある。

（这样的经营状况，公司有可能会倒闭。）

► 早く病院に行かないと、手遅れになる恐れがある。

（不早点去医院的话，恐怕就耽搁了。）

► この致命的な欠陥を直さないと、重大な事故が起こる恐れがある。

（不修复这个致命的缺陷的话，可能会引发重大事故。）

第13課　血液型占いの根拠と信頼度

一、～は別にして／～は別として

"～は別にして"是日语中一种惯用表达方式，也可以使用"～は別として"的表达方式，表示前项提到的事物暂且搁置一边不谈，意思上相当于汉语中的"……且另当别论"。

▶ 良いか悪いかは別にして、車は予想以上の速いスピードで普及している。

（是好是坏且另当别论，汽车正以超乎预想的速度普及。）

▶ 天気は別として、それは楽しい旅行でした。

（天气先不说，总之那是次开心的旅行。）

二、きりがない

"きりがない"是日语中的惯用表达，表示没完没了、没有终结。

▶ 例を挙げればきりがない。

（如果举例的话就没完没了了。）

▶ 彼は文句を言いだしたらきりがない。

（他一旦开始抱怨就没完没了。）

三、さすが

副词"さすが"表示"不愧是……；果然名不虚传"之意，仅用于表扬性表达，也可以使用"さすがは""さすがの～"等表达形式。

此外，也常用"さすがに"的形式，表示"别看是……，毕竟还是……""虽

然……也还是……"之意。

例
- さすが老舗ですね、料理も美味しければ、サービスもいいです。

  （不愧是老店，饭菜也好吃，服务也好。）
- さすがの名探偵もこの謎を解けなかった。

  （别看是名侦探，也无法解开这个谜团。）
- 繁華街でもさすがに真夜中は人が少ない。

  （虽然是在繁华的街上，半夜人也很少。）
- 彼は金持ちだといっても、さすがに飛行機は買えない。

  （虽说他是有钱人，但是再怎么说飞机还是买不起的。）

四、どちらにせよ

"どちらにせよ"是日语中的惯用表达，表示无论是前面列举的任何一种情况或事物都不会对后项产生影响，相当于汉语中的"不管是何种情况……"。

例

A：明日は晴れですか、曇りですか。

（明天是晴天，还是阴天呢？）

B：分かりませんね。どちらにせよ、出勤しなければなりません。

（不知道，不管怎样，反正都得上班。）

第13課　血液型占いの根拠と信頼度

一、请给下列画线词选择正确的读音或汉字。

1. 日本には老舗企業が多い。

   ①しみせ　　②ろうみせ　　③てんぽ　　④しにせ

2. トランプで占いをする。

   ①うらない　②さむらい　　③あらそい　④きそい

3. 新製品にけっかんがあることが分かった。

   ①欠陥　　　②却陥　　　　③欠点　　　④欠間

4. 済んでしまったことに、いつまでも拘っていてもしょうがない。

   ①ふれて　　②ことなって　③ことわって　④こだわって

5. 草原からごうかいな歌声が聞こえてくる。

   ①傲慢　　　②豪慢　　　　③豪華　　　④豪快

二、请选择合适的句型。

1. このままだと、鳥が絶滅する＿＿＿＿＿。

   ①ことはない　　　　　　②恐れがある

   ③わけはない　　　　　　④ものがある

2. 今回の選挙では実力のある山田正男氏が勝つ＿＿＿＿＿。

   ①に決まっている　　　　②に限る

   ③になりかねない　　　　④ようになりやすい

3. その曲の素晴らしさはとても言葉で表し_____ものではない。

①うらない　②にくい　③えない　④うる

4. 適切な判断_____応急処置が、怪我をした子供の命を救った。

①にかぎっての　　　②を中心とした

③についての　　　　④に基づいた

5. 通訳になる_____、もっと会話の練習に力を入れなければならない。

①では　②とは　③には　④へは

三、请给下文的★处选择最合适的选项。

1. 大都市の活力は_____ _____ ★____ _____によって支えられている。

①くる　　　　　②移り住んで

③若者たち　　　④地方から

2. 日本では女性は____★____ _____ _____ _____、仕事をやめるケースが多い。

①を　②結婚　③として　④きっかけ

3. _____ ★____ _____ _____が、その大事な本がとうとう見つからなかった。

①うる　②ところは　③捜し　④全部捜した

四、将下列汉语翻译成日语。

1. 基于经验进行判断。

_____

2. 要出国必须要有护照和签证。

_____

第13課　血液型占いの根拠と信頼度

3. 今晚台风恐怕会登陆东北地区。

_____

4. 这个碗一定是古时候的东西。

_____

5. 要想当医生必须得通过国家考试。

_____

新単語

維持（いじ）①	名；他动サ	维持
目標（もくひょう）⓪	名	目标，指标
達する（たっする）⓪③	自他动サ	到达，达到
ベストセラー④	名	畅销书
実話（じつわ）⓪	名	真实的故事
共感（きょうかん）⓪	名；自动サ	同感，共鸣
粗大ゴミ（そだいごみ）②	名	大件垃圾
処分（しょぶん）①	名；他动サ	处分，处理掉
市区町村（しくちょうそん）③	名	市区町村
回収（かいしゅう）⓪	名；他动サ	回收，收回
収集（しゅうしゅう）⓪	名；他动サ	收集，回收
クレーム⓪②	名	投诉，索赔；不满
ポイント⓪	名	要点，要领
あらゆる③	连体	所有的，一切的
想定（そうてい）⓪	名；他动サ	假想，设想
事前（じぜん）⓪	名	事前，事情发生之前
人工知能（じんこうちのう）⑤	名	人工智能
有する（ゆうする）③	他动サ	有，持有，拥有
成す（なす）①	他动五	形成，构成，完成
セールス①	名	销售，推销
大量（たいりょう）⓪	名；形动	大量
うんざり③	副；自动サ	厌烦，厌倦
怪しい（あやしい）③⓪	形	可疑的，奇怪的
採用（さいよう）⓪	名；他动サ	采用，录用

第13課　血液型占いの根拠と信頼度

一概に（いちがいに）⓪②	副	一概，无一例外地
血液型（けつえきがた）⓪	名	血型
占い（うらない）⓪	名	算命，占卜
根拠（こんきょ）①	名	根据
信頼度（しんらいど）③	名	可靠性，可靠度
星座（せいざ）⓪	名	星座
シンプル①	形動	单纯的，朴素的
占星術（せんせいじゅつ）③	名	占星术，星相学
学問（がくもん）②	名；自動サ	学习，研究，学术
姓名（せいめい）①	名	姓名
手相（てそう）②	名	手相
取り上げ（とりあげ）⓪	名	拿起，举起；提出，举出
豪快（ごうかい）⓪	形動	豪迈，豪爽
大雑把（おおざっぱ）③	形動	粗心，粗疏；大致，大概
二重人格（にじゅうじんかく）④	名	双重人格
当たる（あたる）⓪	自他動五	碰上，撞上；命中；合适
一喜一憂（いっきいちゆう）①＋⓪	名；自動サ	一喜一忧
ラッキー①	形動	幸运，吉祥
捻くれる（ひねくれる）④	自動一	拗，拧；不纯朴，乖僻
アイテム①	名	装备；条款，项目
缶コーヒー（かんコーヒー）⑤	名	罐装咖啡
スポンサー⓪②	名	发起人，赞助商
絡む（からむ）②	自動五	卷，绕；密切相关
大勝利（だいしょうり）③	名	大获全胜，压倒性胜利
内面（ないめん）⓪③	名	内部，里面；内情；内心

裏表（うらおもて）⓪	名	表里；言行不一
前半（ぜんはん）⓪	名	前半
ピックアップ④	名；他动サ	拾起，选出
独自（どくじ）①⓪	名；形动	独自，独特的
見解（けんかい）⓪	名	见解，意见
拘る（こだわる）③	自动五	拘泥，讲究，在乎
刷り込む（すりこむ）③⓪	他动五	加印上，印刷上去
害（がい）①	名	害，损害
信じ込む（しんじこむ）④	自动五	坚信
陥る（おちいる）③⓪	自动五	落下，掉进；陷入
見失う（みうしなう）⓪④	他动五	失去，错过，丢失
因みに（ちなみに）⓪①	接	顺便提一下，附带说
戦略（せんりゃく）⓪	名	战略
理念（りねん）①	名	理念
超える（こえる）⓪	自动一	越过，翻过
少なくとも（すくなくとも）③	副	至少，起码
見聞（けんぶん）⓪	名；他动サ	见闻，经验，知识
海水面（かいすいめん）③	名	海平面
島（しま）②	名	岛
豪華（ごうか）①	形动	豪华，奢华
別荘（べっそう）③⓪	名	别墅
手遅れ（ておくれ）②	名	为时已晚，耽误，错过时机
致命（ちめい）⓪	名	致命
欠陥（けっかん）⓪	名	缺陷，缺点
重大（じゅうだい）⓪	形动	重大，重要
文句（もんく）①	名	语句；不满，抱怨

第13課　血液型占いの根拠と信頼度

老舗（しにせ）⓪	名	老店
名探偵（めいたんてい）③	名	名侦探
謎（なぞ）⓪	名	谜语，神秘的
解ける（とける）②	自动一	松开，解开；化解
真夜中（まよなか）②	名	深夜，深更半夜
トランプ②	名	扑克
草原（そうげん）⓪	名	草原
歌声（うたごえ）⓪③	名	歌声
絶滅（ぜつめつ）⓪	名；自他动サ	灭绝，根绝
選挙（せんきょ）①	名；他动サ	选举，推选
応急処置（おうきゅうしょち）⑤	名	应急措施，紧急措施
救う（すくう）⓪③	他动五	救助，拯救
意識（いしき）①	名；他动サ	意识，知觉；觉悟
ただちに①	副	立马，立刻；直接，亲自
感じ（かんじ）⓪	名	感觉
当然（とうぜん）⓪	名；副；形动	当然，应该的
裏（うら）②	名	里面；背面，反面；内情

日本饮食之纳豆

　　日本人吃纳豆有上千年的历史，江户时代的《日本时鉴》中已有关于纳豆的记载。还有另一种说法，纳豆是由中国传入日本的。据说，唐代鉴真和尚东渡日本，在寺院内做纳豆，流传到日本民间。和尚自称"老衲"，和尚吃的豆子便被称为"纳豆"。

　　日本人喜欢黏黏的食物，如滑菇、秋葵、山药，这其中自然也包括发酵后的纳豆。日本关东、关西饮食差异性颇大，纳豆一般被归类为关东食物，但有趣的是，最知名的纳豆之一，却是关西京都大德寺的纳豆。虽然日本也有很多人不喜欢吃纳豆，然而1995年出现了一个契机，让日本人见识了纳豆的实力。当时日本爆发O-157病毒致人死亡事件，但吃纳豆的人却很少发病，人们认识到了纳豆抗菌抗病毒的功效。在日本政府的倡导下，全民食纳豆迅速成为当时的热潮。

　　据2001年日本纳豆行业协会统计，日本约有90%的居民食纳豆。日本成为世界第一长寿国，与民众食用纳豆是有直接关系的。日本人吃纳豆时爱说一句话："我也能活到一百岁。"这样的精神鼓励使日本人对纳豆的喜爱发自内心，吃纳豆前将纳豆搅出黏丝的过程也变成吃纳豆的一种乐趣。

　　此外，纳豆的搅拌是有讲究的，必须朝一个方向搅动，且不少于50次。搅拌可以激活休眠的纳豆菌，对人体有益。

第14課　世界平和及び人口問題

1. 中国には万里の長城をはじめ、たくさんの名所旧跡がある。
2. 利用者の増加にしたがい、製品の知名度が高まってきた。
3. 食べ放題だから、好きなだけ食べていいよ。
4. 医学の進歩に伴って、人々の平均寿命も延びている。

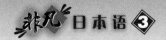

1. 当社は「暮らしをより便利に、より快適に」をモットーとして、汚染防止や省エネルギーをはじめ、全般的な環境保護活動を推進し、環境貢献製品の開発、製造、販売をしております。

2. A：スピーチコンテストでの最優秀賞受賞、おめでとうございます。では、ご感想をお聞かせください。

   B：はい。今回受賞できたのも山本先生をはじめとする諸先生方の熱心なご指導と、関係各位の皆様のご支援のおかげです。ここで皆様に敬意を表するとともに、深く感謝を申し上げます。

3. ダイエットの後半で体重が減りにくくなってくると感じる方が少なくないでしょう。その理由としては、ダイエットである程度体重が減少すると、体重の減少に従って基礎代謝量が減ります。そうなれば同じようなパターンのダイエットだと、カロリーの消耗はダイエットを始めた当初より少なくなり、ダイエットの効果も現れにくくなるのです。

4. A：あのう、「食べ放題」や「飲み放題」という言葉はよく耳にしますが、どういう意味ですか。

   B：「食べ放題」と「飲み放題」とは、ある飲食店で、一定の料金を払えば、指定された範囲内の料理や飲み物などを好きなだけ食べられる、好きなだけ飲めるということです。

5. A：こんなこと言って本当にいいのか、ちょっと…

   B：遠慮するなよ、僕と君の仲じゃないか。文句でも何でも言いたいだけ言って、すっきりしようぜ。

6. A：李さんはフランス語がわかるでしょう。明日の会議で通訳を担当してくれませんか。

   B：申し訳ありませんが、わたしはただ大学で第二外国語として1年ぐ

第14課　世界平和及び人口問題

らいフランス語を習ったにすぎませんから、そのような重大な会議の通訳はできません。

7. A：ここはそんなに広くはないですけど、緑が多くて、居心地(いごこち)のいい公園ですね。

B：ええ、季節の変化に伴って、様々な花が咲(さ)き乱(みだ)れていて、見ていると、すごく癒(いや)されます。

8. A：へえ、新しいハイヒール買ったの？

B：うん。昨日近くの店で買ったの。デザインが良くて、前のよりも履き心地がいいのよ。

世界平和及(およ)び人口問題

　人口の増減(ぞうげん)は、経済力をはじめとした国の国力(こくりょく)を左右する重要な要素(ようそ)の1つです。この人口の動きについて、シンガポール元首相リー・クアンユーが、日本の戦争と平和に結(むす)びつけた論考(ろんこう)を提示(ていじ)していました。

　「国家の人口が増えている時、世の中は得てして楽観論(らっかんろん)に包(つつ)まれ、さらなる発展への欲望(よくぼう)が後から湧(わ)いてくる。第2次世界大戦(だいじせかいたいせん)が勃発(ぼっぱつ)した当時のドイツと日本が、まさにそうだった。1931年当時、日本の人口は6 450万人だった。出生率(しゅっしょうりつ)は1930年代後半に4.1人に達していた。似たような状況はドイツでも起きていた。1939年当時、ドイツの出生率は2.6人。ドイツは何よりもまず国民に十分な住む空間(くうかん)を与えたいと考えていた。」

　人口が増えるに従い、成長欲求(よっきゅう)がさらに高まり、好戦的(こうせんてき)な気分が社会に生まれる、という仮説(かせつ)です。

195

　記事では「住む空間」という言葉が使われています。これは「物理的に住めるかどうか」というよりは、「社会がその人口を食べさせられるだけの材料（農地や産業）があるかどうか」と考えてもよいのかも。国内で養いきれないのであれば、国外に手を伸ばす欲求に繋がります。

　元首相はこの前提のもと、現代の日本の平和を次のように説明します。

　「ドイツの出生率は1.4人。日本も1.4人に低下している。ドイツも日本も、もはやもう一度戦争を仕掛ける必要もなければ、欲求もない。現在世界が比較的に平和で安定している理由の一つは、すべての先進国の出生率が2.1人を下回っていることにある。」

　もちろん、戦争が起こる要因は複雑で、資源や経済状況、国際関係や地政学上の脅威、宗教など様々です。「人口増による発展の欲望」はあくまで一要因に過ぎないでしょう。第2次大戦までの時代が、帝国主義がまだ有効で、植民地をめぐり列強が競い合っていたという背景も現代とは異なっています。

　とはいうものの、「人口増加やそれに伴う経済発展が好戦的気分を煽る」というリー・クアンユー元首相の指摘はおもしろく、紛争によってはそうした要因が後押しすることもあるでしょう。国際社会をみる1つの視点として、留意してみたいと思います。

　　　　　（http://hiah.minibird.jp/「希望は天上にあり」による）

一、～をはじめ／～をはじめとする／～をはじめとした

　　　接続：　名　＋をはじめ／をはじめとする／をはじめとした

解说：该句式用以列举某个最有代表示性的事物，意思上相当于汉语中的"以……为首""以……为代表"。

> 例
> ▶ 都知事をはじめとする視察団が被災地を訪れた。
>
> （以东京都知事为首的视察团访问了受灾地区。）
>
> ▶ 社長をはじめ、社員一同、新製品の販売に力を入れている。
>
> （以社长为首，公司员工一起为新产品的销售努力。）
>
> ▶ 中国には万里の長城をはじめ、たくさんの名所旧跡がある。
>
> （中国以万里长城为代表，有许多的名胜古迹。）
>
> ▶ 渡辺さんが試験に合格した。両親をはじめ、先生方も喜んでいらっしゃる。
>
> （渡边考试合格了，以父母为首，老师们也都很开心。）

二、～にしたがって / ～したがい

接续：| 名 |
|---|
| 动－基本形 | + にしたがって / したがい

解说：1. 表示随着前者的变化出现后面的结果，相当于汉语中的"随着……""伴随……"。

> 例
> ▶ ネットの普及にしたがって、情報共有化も進んでいる。
>
> （随着网络的普及，信息共享也在不断进步。）
>
> ▶ 経済の発展にしたがい、国民の生活も豊かになる。
>
> （随着经济的发展，国民的生活也变得富裕了。）
>
> ▶ 試験が近づくにしたがって、ますます不安になってきた。
>
> （随着考试的接近，越来越感到不安。）

▶利用者の増加にしたがい、製品の知名度が高まってきた。

（随着使用者的增加，产品的知名度提高了。）

2. 动词"従う"本意是指"遵循、遵从、遵照、服从……"。因此，"従う"也往往表示"遵循、服从……"。

例

▶矢印（やじるし）の方向（ほうこう）にしたがって、移動（いどう）してください。

（请按照箭头的方向移动。）

▶少数（しょうすう）が多数（たすう）に従うべきです。（少数应该服从多数。）

三、～だけ

接续：
```
动 – 基本形
动 – ～たい
``` ＋だけ

解说：该句式表示对行为能力以及愿望程度的限定，一般多接在动词可能态基本型之后，表示就能力所及范围进行限定。根据上下文含义，有时翻译为"尽……可能……"，有时需要翻译为"起码足以……"。

"だけ"接动词"～たい"时，表示尽自己的愿望做到尽兴为止，有时也会有"形容动词＋なだけ"的形式。

例

▶頑張れるだけ頑張ってみたい。（尽自己最大的努力试试看。）

▶持てるだけ持っていってください。（请能拿多少就拿多少。）

▶彼は銀行から借りられるだけの金を借りて、会社を作った。

（他尽最大限度从银行贷了款，创立了公司。）

▶食べ放題だから、好きなだけ食べていいよ。

（因为是自助餐，所以想怎么吃就怎么吃。）

第14課　世界平和及び人口問題

▶ お正月休みに、食べたいだけ食べて、寝たいだけ寝ていて、すっかり太ってしまった。

（在新年假期里，想吃就吃，想睡就睡，就完全变胖了。）

▶ 仕事がなくて、生活していけるだけのお金がない。

（没有工作，连起码生活下去的钱都没有。）

四、～にすぎない

接续：
```
名
形 – い
形动（である）    ＋にすぎない
动 – 简体形
```

解说：该句式表示程度之低，带有消极评价的语气，意思上相当于汉语中的"不过……""只不过……而已"。

例

▶ 私はやるべきことをやったに過ぎない。

（我不过是做了应该做的事情。）

▶ 本当かどうかは知らない。ただ例を挙げているに過ぎない。

（是不是真的我不知道，只是举个例子而已。）

▶ 別に美人でもない、ただ化粧が上手であるに過ぎない。

（不是什么美女，只是会化妆而已。）

▶ ただの風邪に過ぎないから、病院に行くことはないよ。

（只不过是感冒而已，没必要去医院。）

五、～に伴って／～に伴い／～に伴う

接续：
```
名
动 – 基本形    ＋に伴って／に伴い／に伴う
```

解说：该句式表示前项的变化连带着引发后项的变化，一般不用于单个的小事件，而用于规模较大的变化，是一种正式的书面语表达，意思上相当于汉语中的"伴随着……""和……一起……"。

例

▶ 医学の進歩に伴って、人々の平均寿命も延びている。

（随着医学的进步，人类的平均寿命也在延长。）

▶ 森林の減少に伴って、珍しい動物が減ってきた。

（随着森林的减少，珍稀动物也在减少。）

▶ 晩婚化の進行に伴い、少子化問題がますます深刻化してきた。

（随着晚婚的推进，少子化的问题也越来越严重了。）

▶ 地震に伴う津波(つなみ)が多い。（伴随地震发生的海啸是很常见的。）

一、～のもとで／～のもとに

"名词＋のもとで"或"名词＋のもとに"表示在某种情况之下。其中"～のもとで"侧重于表达在某种事物的影响或范围之内；"～のもとに"侧重于表达在某种情况下或以……为条件，属于郑重的书面表达，也可以说成"～のもと"。

例

▶ 山田教授のご指導のもとで日本語を研究する。

（在山田教授的指导下研究日语。）

▶ 来月3日までに返すという約束のもとに山田さんから5万円借りた。

（在约定了下月3号之前还钱的前提下，从山田那儿借了5万日元。）

第14課　世界平和及び人口問題

二、接头辞"諸〜"

"諸"是接头辞，可以接在某些名词之后，表示"各个……""诸多……"之意。常见的有：諸問題（しょもんだい）、諸外国（しょがいこく）、諸先輩（しょせんぱい）、諸君（しょくん）、諸事情（しょじじょう）等。

三、放題

"放題（ほうだい）"是造语成分，一般以"言いたい放題""やりたい放題""したい放題"或是"食べ放題""飲み放題"等形式加以使用，表示无节制地、自由地去做某事；也表示对某种事态不采取积极态度应对，而是放任、任由其发展。

▶ このソフトは無料で使い放題です。

（这个软件可以免费自由使用。）

▶ 老後は好き放題をして暮らしたい。

（老了以后想随心所欲地生活。）

▶ 庭の草が伸び放題です。

（院子里的草无节制地长。）

▶ あの店のトイレは汚れ放題だ。

（那个店的洗手间太脏了。）

四、心地

"心地（ここち）"表示人在做某件事或处在某种情形之时所拥有的心境与心理感受，也经常以"动词ます形去掉ます＋心地（ごこち）"的形式表示做某件事所拥有的心境与心理感受。

例

▶ シンプルで心地いい暮らしを目指す。

（以简单愉快的生活为目标。）

▶ この椅子は座り心地がいい。

（这个椅子坐着很舒服。）

▶ 住み心地のいい町に引っ越ししたい。

（想搬到住着舒心的城市去。）

第14課　世界平和及び人口問題

一、请给下列画线词选择正确的读音或汉字。

1. 最近何をしても面白くないし、興味も<u>湧</u>かない。
   ①ゆかない　②わかない　③きかない　④いかない

2. いらいらして気持ちが<u>乱れる</u>。
   ①おくれる　②おそれる　③みだれる　④わかれる

3. こんなつまらないことに時間を<u>費やす</u>な。
   ①ひやす　②いやす　③ついやす　④たがやす

4. 全市民参加の読書活動を<u>推進</u>しましょう。
   ①すいしん　②すいそく　③すいてい　④すいせん

5. 報告書の書き方について、ご<u>指摘</u>をいただき、ありがとうございます。
   ①してい　②してき　③しどう　④さしず

二、请选择合适的句型。

1. この図書館には中国語の本_____、いろいろな言葉の本がたくさんある。
   ①をはじめ　②を中心にする　③に沿って　④に伴って

2. 歳月が経つ_____病状(びょうじょう)は悪化した。
   ①にすぎない　②にかぎる　③によって　④にしたがって

3. このグループで私は巨大(きょだい)な歯車(はぐるま)の歯のような存在_____。
   ①にかかわる　②ほかならない　③でしょうがない　④にすぎない

203

4. この部屋は静で_____いい。

　　①心　　　　②心情　　　　　③居心地　　　　④気

5. 社会の発展_____、生活も便利になりました。

　　①に伴って　　②はともかく　　③からして　　　④のことだから

三、请给下文的★处选择最合适的选项。

1. ボランティア活動を通して、_____　___★___　_____

_____ことができる。

　　①する　　　②豊かに　　　　③を　　　　　　④自らの人生

2. _____　_____　___★___　_____数が多くて、けっこう時間

がかかる。

　　①に　　　　②手続きは　　　③伴う　　　　　④引越し

3. それは、_____　___★___　_____　_____。

　　①ではなく　　②目的　　　　③にすぎない　　④手段(しゅだん)

四、将下列汉语翻译成日语。

1. 我只不过是开玩笑，请不要介意。

_____

2. 多着呢，喜欢拿多少就拿多少。

_____

3. 随着年龄的增长，对事物的看法也渐渐发生了变化。

_____

4. 这座古城以这所寺院为代表，还有很多著名的古迹。

_____

5. 随着科学的进步，人们的生活方式也发生了很大改变。

_____

第14課　世界平和及び人口問題

平和（へいわ）⓪	名；形动	和平
万里の長城（ばんりのちょうじょう）①+③	专	万里长城
知名度（ちめいど）②	名	知名度
医学（いがく）①	名	医学
進歩（しんぽ）①	名；自动サ	进步
防止（ぼうし）⓪	名；他动サ	防止
省エネルギー（しょうエネルギー）④	名	节能，节约能源
全般（ぜんぱん）⓪	名	普遍，全面
推進（すいしん）⓪	名；他动サ	推进
製造（せいぞう）⓪	名；他动サ	制造，生产
受賞（じゅしょう）⓪	名；自他动サ	获奖，得奖
感想（かんそう）⓪	名	感想
指導（しどう）①⓪	名；他动サ	指导，教导
各位（かくい）①	名	各位
支援（しえん）①⓪	名；他动サ	支援
敬意（けいい）①	名	敬意
後半（こうはん）⓪	名	后半，后半程
代謝量（たいしゃりょう）③	名	代谢量
パターン②	名	样式，模型
消耗（しょうもう）⓪	名；自他动サ	消耗，耗尽
当初（とうしょ）①	名；副	当初
耳にする（みみにする）⓪+②	惯用语	听，偶然听到

一定（いってい）⓪	名；自他動サ	规定，统一；固定
料金（りょうきん）①	名	费用，使用费
指定（してい）⓪	名；他動サ	指定
範囲（はんい）①	名	范围
居心地（いごこち）⓪	名	心情，感觉
咲き乱れる（さきみだれる）⑤	自動一	盛开，烂漫
癒す（いやす）②	他動五	医治，解除
及び（および）⓪①	接	以及，还有，和
増減（ぞうげん）⓪③	名；自他動サ	增减
国力（こくりょく）②	名	国力
要素（ようそ）①	名	要素，因素
元（もと）⓪②	名	根源，起源；原来
提示（ていじ）⓪①	名；他動サ	提示，出示
楽観論（らっかんろん）③	名	乐观论
包む（つつむ）②	他動五	包，裹，卷
更なる（さらなる）①	連体	更加的，进一步的
欲望（よくぼう）⓪	名	欲望
湧く（わく）⓪	自動五	涌出，冒出
第二次世界大戦（だいにじせかいたいせん）①−④	名	第二次世界大战
勃発（ぼっぱつ）⓪	名；自動サ	爆发，突然产生
当時（とうじ）①	名	当时，那时
正に（まさに）①	副	的确；正好，恰好
出生率（しゅっしょうりつ）③	名	出生率
空間（くうかん）⓪	名	空间
欲求（よっきゅう）⓪	名；他動サ	欲求，企求
好戦的（こうせんてき）⓪	形動	好战的

第14課　世界平和及び人口問題

農地（のうち）①	名	农田，农用土地
養う（やしなう）③	他动五	养育；照料；保养
前提（ぜんてい）⓪	名	前提
低下（ていか）⓪	名；自动サ	降低；下降
比較（ひかく）⓪	名；他动サ	比较
要因（よういん）⓪	名	主要原因
資源（しげん）①	名	资源
地政学（ちせいがく）②	名	地缘政治学
脅威（きょうい）①	名	威胁
宗教（しゅうきょう）①	名	宗教
帝国主義（ていこくしゅぎ）⑤	名	帝国主义
植民地（しょくみんち）③	名	殖民地
列強（れっきょう）⓪	名	列强
競い合う（きそいあう）④	自动五	互相比赛，相互竞争
煽る（あおる）②	自他动五	吹动，煽动，鼓动
指摘（してき）⓪	名；他动サ	指出（特定事物加以揭示）
紛争（ふんそう）⓪	名；自动サ	纷争，纠纷
後押し（あとおし）②	名；他动サ	从后面推，后援
留意（りゅうい）①	名；自动サ	留意，注意
知事（ちじ）①	名	知事，（都道府县的）首长
視察団（しさつだん）④	名	视察团
被災地（ひさいち）②	名	受灾地区
一同（いちどう）②③	名	一同，全体
矢印（やじるし）②	名	箭头符号
方向（ほうこう）⓪	名	方向；目的

移動（いどう）⓪	名；自他动サ	移动，迁移
少数（しょうすう）③	名	少数
多数（たすう）②	名	多数
津波（つなみ）⓪	名	海啸
老後（ろうご）⓪	名	晚年
草（くさ）②	名	草
乱れる（みだれる）③	自动一	乱，杂乱
病状（びょうじょう）⓪	名	病症，病状
歯車（はぐるま）②	名	齿轮
ボランティア②	名	志愿者
自ら（みずから）①	名；副	自己，自我；亲自，亲身
手段（しゅだん）①	名	手段，手法
繋がる（つながる）⓪	自动五	连接；相关
先進国（せんしんこく）③	名	发达国家

日本饮食之天妇罗

　　天妇罗（てんぷら）是日式料理中的油炸食品，用面粉、鸡蛋与水和成浆，将新鲜的鱼虾和时令蔬菜裹上做好的浆，放入油锅炸成金黄色。吃的时候蘸酱油和萝卜泥调成的汁，鲜嫩美味，香而不腻。

　　天妇罗的历史相当悠久。天妇罗源自葡语 rápido，即"快一点"之意。当时是为了以较快的速度取得充饥的食品，所以使用这种油炸的料理方式。它是葡萄牙人在大斋期（天主教节日）吃的，大斋期禁吃肉，但可以吃鱼。天妇罗由葡萄牙传教士于 16 世纪传入日本，后来在日本流行开来。

　　天妇罗出现于日本的文献记载是在公元 1669 年。京都的医师奥村久正在他所写的《食道记》中提到了天妇罗。传统的日式天妇罗是指裹上淀粉浆的油炸海产或是蔬菜。天和二年（1682 年），日本曾接待了来访的朝鲜信使。后在博物馆中发现了当时招待信使的记录档案，其中就有用鸡肉制作天妇罗的记载。

　　但是天妇罗刚传进日本的时候，因为当时油主要是用来照明的，非常昂贵，所以天妇罗属于高级料理。随着油脂品种的增加，油炸技术不断更新，天妇罗系列食品慢慢普及开来，成为日本料理中的一个重要组成部分，也是最能被世界各国人士所接受的日本食品。

第15課　名付けの力

1. 年が明けたかと思うと、もう2月です。
2. あまりの忙しさに、結婚記念日を忘れてしまった。
3. 会社を出た途端に、雨が降り出した。
4. 美しき町、京都で美しい彼女に出会った。

第15課　名付けの力

1. A：あら、ずぶ濡れじゃない？傘持ってなかったの？

   B：ええ。帰る途中、空が暗くなったかと思ったら、急に大粒の雨が降ってきて、雨宿りするところもなくて…

2. A：日本は台風が多いですね。

   B：島国だから、しょうがありません。いつも１つが通り過ぎたかと思うと、またすぐに次の台風が近付いてきます。

3. A：遅いわよ。30分も遅れて来るなんて、非常識だよ。

   B：すまない、すまない。あまりの忙しさに、約束をしてたってことすっかり忘れちゃって…

4. A：山田くんは夏休み、どこかへ行ったの？

   B：うん、夏休みはずっとお祖母さんの家にいた。僕はやはり田舎が好きだなあ。あまりの静けさに時を忘れてしまう。

5. A：どうしたの？ズボンに泥が付いてるよ。

   B：ちょっと、よそ見をしたとたん、転んでしまったんだ。

6. A：まさか、こんな時期に雪が降るなんて、思ってもみなかった。

   B：そうだよ。気温も一気に下がって、今朝、ドアを開けたとたんに、体が震えるほどの冷たい風が襲い掛かってきて、びっくりした。

7. 昨日、みんなで一緒に食事に行ったときに、誰かの口から「試験」という言葉が出ると、そのとたん、たちまちその場の空気がこわばって、それまでそこに満ちていた和やかな気分がなくなり、一座が何となく白けてしまった。

8. ここは「歴史の町」と呼ばれ、300年前に建てられた建築物が数多く残されています。町に入ると、古き良き建築文化を自分の目で見て、自分の身で感じて、長き歴史に触れることができます。

名付けの力

　三十数年前のこと。大学の体育の授業の後で、グラウンドから引き上げる時、「あれ、なんか変だな」と、足元に違和感を覚えたかと思うと、その次の瞬間、激痛が来た。私は地面に転がりながら絶叫した。

「足が、足がああああ！」

あまりの突然さに、みんなが驚いて集まってきた。

「大丈夫？」

でも、答える余裕もない。

「足、がああああ！」

一人が言った。

「攣ったんだね」

　へ、と思った。攣った？これ、未知の異変じゃなかったの？そのとたん、私は急に冷静になって、恥ずかしさに襲われた。足が攣っただけで、この世の終わりみたいに叫んでしまった。攣るとか腓返りとか、話に聞いたことはあったけど、実際に体験するのは初めてだったから、何か大変なことが起こったと思ったんだ。ふくらはぎはまだ攣っていた。でも、それが普通によくある現象だと理解しただけで、耐えられるようになってしまった。

　風邪の時の悪寒なども、そうだと思う。暑いのか寒いのかわからない独特の気持ち悪さ、もしもあの感覚に悪寒って名前がついてなかったら、とても不安になるだろう。それから、飛蚊症。目の中にほよほよしたゴミみたいなものが浮かんで見える、あれもそうだ。具体的な名前によって、それらは未知の異変から既知の現象になる。

第15課　名付けの力

　私の友人の女性は、夫婦喧嘩をした時、部屋のある場所にマジックで×印を描いて、こう言ったらしい。
　「私、ここで首を吊るから」
　凄いなあ、と思った。単に「死んでやる」とか「殺してやる」とかでは、そこまでの迫力は出ないだろう。夫婦喧嘩は犬も食わないという言葉もあるくらいだ。ところが、×印を描いたとたん、次元が変わる。話が急に現実味を帯びてくる。その行為によって、×の場所が他から差別化されたのだ。これも一種の名付け効果だろう。
　先日、房総方面に向かう特急電車に乗った時のこと。私は本を読もうとした。ところが、初めての電車だから読書灯の点け方がわからない。座席のどこにもスイッチらしきものがない。そうか、直接押すか回すかするタイプなんだ。そう思って、頭上のライトをぐいぐいやってみた。点かない。汗が出てきた。いつもなら諦めるところだ。でも、今日は頑張ってみよう、と思う。ここで粘れるかどうかに、これからの人生がかかっているような、変な気持ちにとらわれていた。幸い車内はがらがらだ。恥ずかしくない。読書灯に未来をかけてやる。走る電車の中で、中腰になったまま、爪が痛むほど弄くり回した。が、どうしても点けることができない。
　その時、パーサーの女性が巡ってきた。私はなるべく落ち着いた声で聞いた。
　「読書灯はどうやって点けるのですか。」
　パーサーは不思議そうに言った。
　「こちらのお席には読書灯はございません。」
　驚いて頭上を見ると、彼女は済まなそうに言った。
　「送風口でございます。」

私は思い込んでいた。その位置にある丸いものは読書灯、と。つまり、勝手に名付けてしまったのだ。その時、私の運命は決まった。

（作者：穂村弘）

一、〜かと思うと／かと思ったら／と思うと／と思ったら

接续： 动－た形 +かと思うと／かと思ったら／と思うと／と思ったら

解说：该句式表示前项事件刚一发生，紧接着就发生了后项事件，用以描述两件事情时间上间隔之短，意思上相当于汉语中的"刚一……就……"。

▶ 授業が終わったかと思ったら、生徒たちは教室を飛び出していった。

（刚下课，学生们就从教室里冲出去了。）

▶ 長い梅雨が明けたかと思うと、台風がやってきた。

（长时间的梅雨季节刚一过去就来了台风。）

▶ 風邪が治ったかと思ったら、熱を出したんだ。

（感冒刚好，又开始发烧。）

▶ 年が明けたかと思うと、もう2月です。

（刚过完年就已经是2月了。）

二、あまりの〜に

接续：あまりの＋ 名 ＋に

解说：该句式中使用的名词是具有程度含义的词汇，表示由于其程度过甚而……，意思上相当于汉语中的"由于过于地……而……"。

第15課　名付けの力

例
- あまりの暑さに、道路のアスファルトが溶(と)けている。

  （因为太热了，道路的沥青都化了。）

- あまりの寂しさに、別れた彼氏に電話してしまった。

  （由于太寂寞了，就给已经分手了的男友打了个电话。）

- 紅葉のあまりの美しさに、言葉を失ってしまった。

  （红叶之美竟令我愕然失语。）

- あまりの激痛に、声をあげてしまった。

  （太过疼痛，不由喊出声来。）

三、途端（に）

接续：　动－た形　＋途端（に）

解说：该句式表示前后动作几乎同时发生，两者间隔时间相当短，且后项多为偶尔、突发或未预料到的情况，意思上相当于汉语中的"刚……就……""刚一……就……"，也经常使用"その途端（に）"的方式连接前后两个动作行为或事件。

例
- ベッドに入った途端に、眠ってしまった。

  （刚一上床就睡着了。）

- 立ち上がった途端に、倒れた。

  （刚站起来就倒下了。）

- ドアを開けたとたんに、犬が飛び出した。

  （刚一打开门狗就跑出来了。）

- 会社を出た途端、雨が降り出した。

  （刚从公司出来就下起了雨。）

词语与表达

スイッチらしきもの

形容词在修饰名词时，将词尾"い"变为"き"直接修饰名词，是一种古语的存留，一般只作为文章用语使用，语气比较郑重。

- ▶ 古き良き時代を懐かしむ。（怀念古老而美好的时代。）
- ▶ 美しき町、京都で美しい彼女に出会った。

（在京都这个美丽的城市，邂逅了美丽的她。）

第15課　名付けの力

一、请给下列画线词选择正确的读音或汉字。

1. 雨の中を走ったので、ズボンの裾が泥だらけになっちゃった。
   ①どろ　　　②ぬの　　　　③ぬま　　　　④みぞ

2. 結婚式の会場は和やかな雰囲気に包まれている。
   ①おだやか　②なごやか　　③すみやか　　④にぎやか

3. 自信に満ちた言葉でスピーチしている。
   ①かちた　　②まちた　　　③おちた　　　④みちた

4. 彼が寒い冗談を言って、場がしらけてしまった。
   ①明けて　　②白けて　　　③解けて　　　④預けて

5. 京都のお寺をめぐって散歩する。
   ①回って　　②絞って　　　③捲って　　　④巡って

二、请选择合适的句型。

1. 眺めが＿＿＿＿＿素晴らしかったので、思わずそこにしばらく足をとめた。
   ①相変わらず　　　　②あいにく
   ③一見しても　　　　④あまりにも

2. お金のことを持ち出した＿＿＿＿＿、相手が怒り出した。
   ①ばかりで　　　　　②とたんに
   ③上に　　　　　　　④おかげで

3. 息子が帰ってきた_____、もう遊びに出かけた。
   ①と思うと　　②とたんに　　③としようが　　④どうか

4. 父は文句を言い_____、わたしに金を出してくれた。
   ①すぎて　　②きって　　③ながらも　　④にもかかわらず

5. あまりの_____体が震えている。
   ①寒さに　　②寒くて　　③寒いに　　④寒き

三、请给下文的★处选择最合适的选项。

1. 日本語の_____　_____　★_____　_____何度もありました。
   ①あまりの難しさに　②と思った　③勉強を諦めよう　④ことが

2. 僕は_____　★_____　_____　_____。
   ①途端に　　　　　　　②彼女を見た
   ③落ちた　　　　　　　④恋に

3. 人はなぜ_____★_____　_____　_____のでしょうか。
   ①を感じる　　②録音した　　③自分の声に　　④違和感

四、将下列汉语翻译成日语。

1. 由于太过突然，没能马上做出回答。
   _____

2. 以前，家里的猫死了的时候，由于太伤心，曾想着以后再也不养猫了。
   _____

3. 在机场我刚说出"再见"，女朋友就哭了。
   _____

4. 妹妹刚开始学习，就又看上漫画了。
   _____

第15課　名付けの力

明ける（あける）⓪	自動一	（天）明；开（年）
記念日（きねんび）②	名	纪念日
ずぶ濡れ（ずぶぬれ）⓪	名	全身湿透，落汤鸡
大粒（おおつぶ）③④	名	大粒，大颗
雨宿り（あまやどり）③	名；自動サ	避雨
島国（しまぐに）②	名	岛国
通り過ぎる（とおりすぎる）⑤	自動一	走过，越过
静けさ（しずけさ）③	名	静，寂静
泥（どろ）②	名	泥；丢脸
余所見（よそみ）②③	名；他動サ	斜视，往旁边看
時期（じき）①	名	时节，时候，时期
震える（ふるえる）⓪④	自動一	颤抖，震动，发抖
襲い掛かる（おそいかかる）⑤	自動五	袭来，扑来
忽ち（たちまち）⓪	副	转眼间，立刻；忽然
強張る（こわばる）③	自動五	僵硬，发硬
満ちる（みちる）②	自動一	满，充满；涨
和やか（なごやか）②	形動	平和，平静
一座（いちざ）②	名；自動サ	同座，在座的人；一座
建築物（けんちくぶつ）④	名	建筑物
数多く（かずおおく）①③	名	为数不少的
名づけ（なづけ）⓪③	名	命名，起名；婚约
グラウンド⓪	名	操场，运动场，竞技场
引き上げる（ひきあげる）④	自他動一	回来，撤回；收回；提升
違和感（いわかん）②	名	违和感，不协调的感觉

瞬間（しゅんかん）⓪	名	瞬间，眨眼间
激痛（げきつう）⓪	名	剧痛
地面（じめん）①	名	地面，土地
絶叫（ぜっきょう）⓪	名；自动サ	大声喊叫
攣る（つる）⓪	自动五	痉挛，抽筋，抽搐
未知（みち）①	名	未知
異変（いへん）⓪	名	异变，变异，异常
冷静（れいせい）⓪	名；形动	冷静，镇静
現象（げんしょう）⓪	名	现象
耐える（たえる）②	自动一	忍耐，忍受；耐
悪寒（おかん）⓪	名	寒战，身上发冷
飛蚊症（ひぶんしょう）⓪	名	飞蚊症
ほよほよ①	副；自动サ	飘忽不定
浮かぶ（うかぶ）⓪	自动五	漂浮，浮；想起，想出
既知（きち）①②	名	既知，已知
マジック①②	名	记号笔，马克笔
ばつ印（ばつじるし）③	名	叉号
首（くび）⓪	名	脖子，颈
吊る（つる）⓪	自他动五	吊，悬挂
単に（たんに）①	副	仅，单，只
殺す（ころす）⓪	他动五	使死亡，致死，杀
食う（くう）①	自他动五	吃，耗费
次元（じげん）⓪	名	次元，维度；层次，性质
現実味（げんじつみ）⓪④	名	现实感
差別（さべつ）①	名；他动サ	差别，差异；歧视
方面（ほうめん）③	名	方面，领域
頭上（ずじょう）⓪	名	头顶上，上方

第15課　名付けの力

粘る（ねばる）②	自動五	黏，发黏；顽强
囚われる（とらわれる）④	自動一	被束缚，被困扰
車内（しゃない）①	名	车内，车中
がらがら⓪④	形動	空空荡荡
中腰（ちゅうごし）⓪	名	弯腰
パーサー①	名	乘务长，机务长
爪（つめ）⓪	名	指甲，爪
弄くり回す（いじくりまわす）⑥	他動五	来回摆弄
送風口（そうふうこう）⓪③	名	送风口
思い込む（おもいこむ）④⓪	自動五	确信，深信，以为
名づける（なづける）③	他動一	起名，命名；称作
運命（うんめい）①	名	命运，宿命
飛び出す（とびだす）③	自動五	跳出，飞出
アスファルト③	名	柏油，沥青
溶ける（とける）②	自動一	融化，溶化
懐かしむ（なつかしむ）④	他動五	思念，思慕，怀念
眺め（ながめ）③	名	风景，景色
持ち出す（もちだす）③	他動五	拿出去，带出去；提起
まさか①	名；副	莫非，该不会；万万，难以相信
座席（ざせき）⓪	名	座位
未来（みらい）①	名	未来

知识点

日本饮食之味噌汤

　　味噌，又称面豉酱，以黄豆为主要原料发酵而成。在日本，味噌是最受欢迎的调味料，和蔬菜、豆腐、海藻、贝类等食材一起放入高汤中熬煮，成为日本人饭桌上必不可少的食物。特别是在寒冷的早晨，喝着热腾腾的味噌汤，心情也会缓和，甚至会有一种全身充满活力的感觉。

　　日本人开始食用味噌汤是镰仓时代以后的事情。虽然味噌早在飞鸟时代就传入了日本，但是当时的味噌很难溶解在水里，所以当时的人们是将味噌舔着吃的。到了镰仓时代，在武家社会中，"一汁一菜"的饮食形式开始固定下来，于是形成了每次吃饭都要喝味噌汤的习惯。据说，在日本经济不景气的时候，保证日本人健康的正是米饭和味噌汤。味噌本身就有营养，是一种很好的健康食品。由于人们经常将汤汁和配菜一起吃，所以连带着配菜的营养也一并摄取了。

　　关于味噌还有个有趣的说法。据说日本天皇在8世纪下达了"肉食禁令"，之后的天皇也一直有这样的诏书，加上佛教在日本的传播，从贵族到平民，甚至军队里面全都奉行素食主义。武士们每天只吃寿司。这种食物虽然能够填饱肚子，却营养单一，而且非常容易使他们口渴，战斗时间一长就会明显影响战斗力。而源家武士们虽然也同样不吃肉食，却酷爱用味噌煮面吃，因此在战场上战斗力可以更加持久，从而打败了平家，开始了日本幕府政治。于是味噌汤作为军用食品普及开来，也开始出现在千家万户的饭桌上。自此以后，味噌汤就作为日本料理的保留菜色传承了下来。

第16課　店構えからして美味しい雰囲気が漂うお店

1. 先生からして遅刻するのだから、生徒たちは時間を守るはずがない。
2. あの表情からして、彼女は謝る気はぜんぜんありません。
3. 何度も手術したあげく、治らないと言われた。
4. なんて素敵な景色なんでしょう。

1. A：田中君ってどんな生徒？真面目なタイプ？

   B：ううん、全然。成績は別として、まず勉強の姿勢からして、問題がある。

2. A：君は「反省します」と言うが、しかし、そのふてくされた表情からして、反省の色は全く感じられないじゃないか。

   B：すみません。

3. A：あの学校、評判が悪いみたいだね。

   B：そうだよ。まず先生からして駄目だ。学校に電話しても、自分の名前を名乗らないし、一般の会社なら、考えられないことだよ。

4. A：午前中の会議、議題は確か人事異動のことだったよね。で、どうだった？

   B：三時間かけて議論のあげく、何の結論も出せなかった。

5. A：山田さん、コンサートのチケット、一枚譲ってくれない？3枚持ってるでしょう、お願い。

   B：でも、僕は5時間も並んだあげくに、やっと手に入れたんだよ、そう簡単には譲れない。

6. A：あの人は宝くじで1億円当たったそうだよ。なんて運がいいだろう。

   B：ほんと。羨ましいね。

7. A：山田さんは奥さんと付き合い始めたきっかけは何だったんですか。何かロマンチックなエピソードでもあったでしょう。

   B：きっかけなどはないんです。実は、初めて彼女に会ったとき、なんて素敵な人だろうと思って、こっちから積極的にアプローチしました。

8. A：ジョンさんは本当に日本語が上手だよね。言葉が自由に操れるし、発音も完璧だし。

   B：ええ、彼は20年前から、日本に移住してきて、日本語には年季が入ってる。

第16課　店構えからして美味しい雰囲気が漂うお店

店構えからして美味しい雰囲気が漂うお店

　店構えは重要だ。店主が語らなくても、店の味に触れることがなくても、そのお店のすべてを語るのが、店構えである。私は真新しい店よりも、古めかしい店のほうが好きだ。年季の入った店から漂う味わい深さは、料理を美味しくするだけでなく、そのお店にいることすら「ぜい沢」に変えてしまうからだ。

　さて、そんな味わい深いお店に遭遇したので、ご紹介したいと思う。そのお店「牛筋カレー」は、外観からして非常に「美味しい」お店だ。構えは古めかしいが、味はたしか。店にいるだけで心安らぐのは、気のせいではない。

　お店はJR大久保駅南口から徒歩で2分程度のところにある。軒に掲げられたお店の名前が長年の風雨でひどく色あせている。しかしお店にはひっきりなしにお客さんが出入りしている。人気店なのである。昼過ぎに訪ねると、満席状態。しばし待って席に着くことができた。

　お店の売りは、店名にも掲げられている牛筋カレー。常連さんは漏れなくこれを頼んでいる。私もそれに習って同じものを頼めばよかったのに、少し迷ったあげく、違うものを頼んでしまった。みそ焼きカレーを注文したのである。あとからわかったことなのだが、これに牛筋を追加すれば最高だったに違いない。

　そうして出てきたカレーを見て、ちょっとその量に驚いた。並盛でも成人男性なら十分に満足の量である。私はみそ焼きカレー（600円）を頼んだのだが、定番の牛筋カレー（400円）でも同じくらいの量はある。今のご時世、400円でこの量を出すのは大変なはずである。なんて良心的なお店なんだろうか。

　カレーは昔馴染みの欧風。かすかに辛味を感じるタイプだ。家庭的な味で毎日食べても決して飽きることはないだろう。これにトッピングのみそ焼きが

225

とても合う。カレーとみそ、いずれも味がかなり強いのだが、ケンカすることなく調和(ちょうわ)してお互いの美味しさを高めているようにさえ感じた。

　本当なら牛すじカレーを食べるべきだった。失敗したと思ったのだが、食べ終わる頃に牛すじを追加できることに気が付いたので、次回はみそ焼き＋牛すじでこのお店最強(さいきょう)のカレーを堪能(たんのう)したいと思う。正直、また行きたいと思う店は、意外と少ないのだが、ここは必ず足を運びたいお店だ。

　　　　　　　　(http://rocketnews24.com/2016/04/13/734566/ による)

一、～からして

　　接续：　名　＋からして

　　解说：该句式在表达上有两种不同的用法：

　1. 表示举一个极端或具有代表性的例子来推及其他，语气多有负面批评之意。意思上相当于汉语的"就连……都……（更何况）"，多为负面批评。

▶今年の新入(しんにゅう)社員(しゃいん)は礼儀を知らない。挨拶からして、きちんとしていない。

　（今年的新员工不懂礼貌，就拿一个打招呼来说都做不好。）

▶先生からして遅刻するのだから、生徒たちは時間を守るはずがない。

　（连老师都迟到了，所以学生们也不可能遵守时间。）

▶簡単な漢字からして読めない。もちろん小説も読めない。

　（连个简单的汉字都不会读，当然读不了小说。）

　2. 该句式表示从事物的某一个部分对其整体做出推论与断定，意思上相当于汉语的"根据……来判断""单从……来看"。

第16課　店構えからして美味しい雰囲気が漂うお店

例

▶ そのレストランは、内装(ないそう)からして結構高そうです。

（那个餐馆单从内部装修来看就很贵。）

▶ あの顔(かお)つきからして、強そうな人です。

（单从长相来看就是个厉害人物。）

▶ あの口(くち)ぶりからして、彼はもうそのことを知っている。

（从说话的语气来看，他已经知道了那件事。）

▶ あの表情からして、彼女は謝る気はぜんぜんありません。

（从那个表情来看，她完全没有道歉的意思。）

二、～あげく（に）

接续：　名－の / 动－た形 ＋あげく（に）

解说：该句式表示在经过某种事态的持续或反复之后得到某个结果，语气中透出持续事态所造成的精神负担或带来的负面影响，意思上相当于汉语的"到头来……""结果……"。

例

▶ 何度も手術したあげく、治らないと言われた。

（动了好几次手术，结果被告知治不好。）

▶ 二人は夫婦喧嘩を繰り返したあげくに、とうとう離婚した。

（夫妻两人总是吵架，最终离婚了。）

▶ 2週間待たされたあげく、人事から不採用(ふさいよう)の通知が来た。

（被迫等了两周，结果等来的是人事部门发的不录用通知。）

▶ さんざん悩んだあげく、結婚をやめてしまった。

（一番烦恼之后最终放弃了结婚。）

三、なんて～んだろう

接续：
$$
\begin{array}{l}
名 - な \\
形 - い \\
形动 - な
\end{array}
$$
＋んだろう（か）

解说：该句式是"なんと～のだろう"的口语化表达形式，是以感叹的语气传达说话人的惊讶、赞叹的表达方式，意思上相当于汉语中的"是多么的……啊"。

▶ ここはなんて寂しいお寺なんでしょう。

（这是多么冷清的一座寺庙啊。）

▶ あの子が演奏した曲はなんて素晴らしいんだろう。

（那个孩子演奏的曲子是多么好听啊。）

▶ なんて美しい花でしょう。（多么美丽的花啊。）

▶ なんて素敵な景色なんでしょう。（多美的景色啊。）

年季が入る

"年季が入る"是惯用表达方式，表示某人在某项工作或技能的磨炼及运用上有长期的经验积累，有时也用于指有一定历史或年头的事物。

另外，其对应的他动词用法是"年季を入れる"，表示人为有意识地花费时间在某项工作或技能上，积极积累经验。

▶ 彼の日本語には年季が入っている。（他说日语有年头了。）

第16課　店構えからして美味しい雰囲気が漂うお店

▶ お母さんは年季の入った指輪を今でも大事にしている。

（母亲到现在也很珍视这个有年头的戒指。）

▶ 年季を入れなければ、一人前の大工(だいく)になれない。

（如果没有常年的积累，成不了独当一面的木工。）

一、请给下列画线词选择正确的读音或汉字。

1. 彼は生産部から営業部に異動しました。

　　①いどう　　②へんどう　　③きどう　　④かどう

2. A社には英語が堪能な社員が多いです。

　　①たんしん　②たんのう　　③かのう　　④どの

3. 空を漂う雲のように、一人で自由に暮らしていきたい。

　　①したがう　②ただよう　　③したう　　④うかがう

4. どんな秘密も必ず外にもれるものだ。

　　①解ける　　②漏れる　　　③触れる　　④外れる

5. 彼の技術にはねんきが入っていて、さすがですね。

　　①嫌気　　　②寒気　　　　③年季　　　④年期

二、请选择合适的句型。

1. 笑い声_____、彼女はずいぶん活発な女の子だ。

　　①のことに　②のあげく　　③からして　　④からこそ

2. いろいろ悩んだ_____、留学を諦めてしまった。

　　①したせいに　②のことだから　③しさえすれば　④あげく

3. 工業の発展_____、公害(こうがい)問題も深刻になってきた。

　　①について　②に従って　　　③にかぎって　　④次第に

第16課　店構えからして美味しい雰囲気が漂うお店

4. 時間が経つ＿＿＿＿＿、怪我は少しずつ治ってきた。

　①かとおもう　②おかげか　　　③ところで　　　　④につれて

5. 会社名(かいしゃめい)が変わる＿＿＿＿＿制服も一新(いっしん)された。

　①だけに　　　②と共に　　　　③とたんに　　　　④にしたがって

三、请给下文的★处选择最合适的选项。

1. 今年＿＿＿＿　＿★＿＿　＿＿＿＿　＿＿＿＿頑張りたい。

　①合格できる　　②大学受験に　　③こそ　　④ように

2. 医者の＿＿＿★＿＿＿　＿＿＿＿　＿＿＿＿、病気は治るだろう。

　①言うこと　　②すれば　　③聞きさえ　　④を

3. 彼の＿＿＿＿　＿★＿＿　＿＿＿＿　＿＿＿＿でしょう。

　①からして　　②無理　　③健康状態　　④スポーツは

四、将下列汉语翻译成日语。

1. 单从名字看，这个人应该是个日本人。

＿＿＿＿＿＿＿＿＿＿＿＿＿＿＿＿＿＿＿＿＿＿＿＿＿＿＿＿＿＿＿＿

2. 多么美丽的夕阳啊。

＿＿＿＿＿＿＿＿＿＿＿＿＿＿＿＿＿＿＿＿＿＿＿＿＿＿＿＿＿＿＿＿

3. 经过反复考虑，到头来还是决定把房子卖了。

＿＿＿＿＿＿＿＿＿＿＿＿＿＿＿＿＿＿＿＿＿＿＿＿＿＿＿＿＿＿＿＿

4. 从成绩来看，估计无法考取东京大学。

＿＿＿＿＿＿＿＿＿＿＿＿＿＿＿＿＿＿＿＿＿＿＿＿＿＿＿＿＿＿＿＿

新単词

名乗る（なのる）②	自他动五	自报姓名，自称
異動（いどう）⓪	名；自他动サ	（职务、工作地点等）变动，调动
年季（ねんき）⓪	名	年头，年限
譲る（ゆずる）⓪	他动五	让，转让，让步
宝くじ（たからくじ）③	名	彩票
ロマンチック④	形动	浪漫的
エピソード①③	名	奇闻轶事；插话
アプローチ③	名；自动サ	接近，靠近
操る（あやつる）③	他动五	操纵，控制；驾驶；掌握
移住（いじゅう）⓪	名；自动サ	移居
店構え（みせがまえ）③	名	铺面，商店的规模
店主（てんしゅ）①	名	店主，店主人
真新しい（まあたらしい）⑤	形	崭新，全新
古めかしい（ふるめかしい）⑤	形	古老的，古香古色的
贅沢（ぜいたく）③④	名；形动	奢侈，铺张浪费
遭遇（そうぐう）⓪	名；自动サ	遭遇，遇到
外観（がいかん）⓪	名	外观
安らぐ（やすらぐ）③	自动五	心情安闲，心境安稳
大久保（おおくぼ）⓪	专	大久保（地名）
軒（のき）⓪	名	屋檐，檐
掲げる（かかげる）⓪③	他动一	悬挂，高举；刊登
風雨（ふうう）①	名	风雨
色あせる（いろあせる）④	自动一	褪色，掉色；陈旧，变旧

第16課　店構えからして美味しい雰囲気が漂うお店

引っ切り無しに（ひっきりなしに）④⑤	形動	接连不断，不停顿
満席（まんせき）⓪	名	满座
店名（てんめい）⓪	名	店名，字号
常連（じょうれん）⓪	名	常客，回头客
追加（ついか）⓪	名；他動サ	追加，补加，添补
並盛り（なみもり）⓪	名	普通份
成人（せいじん）⓪	名；自動サ	成人，20岁以上
定番（ていばん）⓪	名	传统商品，定型商品
時世（じせい）⓪①	名	时世，时代
良心（りょうしん）①	名	良心
馴染み（なじみ）⓪③	名	熟识，亲密关系
欧風（おうふう）⓪	名	欧式，洋式
微か（かすか）①	形動	微弱，模糊
辛味（からみ）⓪③	名	辣，辣味
飽きる（あきる）②	自動一	厌烦，够了；充分，足够
トッピング⓪	名	（蛋糕等食品的）装饰配品
調和（ちょうわ）⓪	名；自動サ	调和，协调，相称
最強（さいきょう）⓪	名	最强
堪能（たんのう）⓪①	名；形動；自動サ	精通，擅长，长于
新入社員（しんにゅうしゃいん）⑥	名	新员工，新职员
内装（ないそう）⓪	名；他動サ	内部设备；内部装饰
顔つき（かおつき）⓪	名	容貌，长相；表情
口ぶり（くちぶり）⓪	名	口吻，语气，口气
不採用（ふさいよう）②	名	不采用，不录用

演奏（えんそう）⓪	名；他动サ	演奏
大工（だいく）①	名	木匠，木工
漏れる（もれる）②	自动一	漏，透；泄露，走漏
公害（こうがい）⓪	名	公害
一新（いっしん）⓪	名；自他动サ	焕然一新

白色情人节

　　和情人节（バレンタインデー）对应，白色情人节是日本特有的文化。一般是指自情人节时从女性那里收到巧克力的一个月后的3月14日，是由男性来回礼的日子，一般多以糖果作为返礼。而自2000年之后，随着義理チョコ（友情巧克力）的广泛流行，白色情人节的返礼就蕴育了各种不同的含义。

白色情人节出处

　　这个节日源自福冈市的一家老牌点心店石村万盛堂的老板对杂志提出的"为什么没有还情人节礼的节日呢"这一观点。于是日本的白色情人节的鼻祖后来就被认为是福冈老字号点心店石村万盛堂发售的白色棉花糖。

各种返礼的糖果所代表的含义

1. マシュマロ（棉花糖）=「あなたが嫌い」

「あなたの愛を純白で包みます」虽然有将自女性那里收下的心意以纯白的爱（棉花糖）包裹着回送之意，然而又因为包含的夹心会融化，映射了这段爱恋无法长久……于是近来普遍成了不好的代表"我讨厌你，对你没有兴趣"的意思。

2. クッキー（饼干）=「あなたは友達」

因为甜度适中、形状各异，且容易碎渣等特性，饼干代表了"只是一般朋友"的含义。一般作为友情巧克力的回礼首选。

3. 飴・キャンディ（糖果）=「あなたが好きです」

因为糖的硬度在那里，不容易坏掉，并且糖果都是甜美的，故有"长长久久甜甜蜜蜜"之意。

收到糖果返礼的话，恭喜你，你的心意对方已经切实地收到并且甜蜜地告诉你"我也喜欢你"。

4. マカロン（马卡龙）=「あなたは特別な人」

马卡龙不但酥甜，而且价格高昂，一般送给真正喜欢的人。

5. キャラメル（焦糖）=「あなたは一緒にいると安心する人」

牛奶代表着母性，让人有安心和怀念的感觉。

6. バームクーヘン（年轮蛋糕）=「あなたとの関係が続くように」

年轮蛋糕寓意幸福层层膨胀下去。

第17課　他人百姓

1. 運動不足や睡眠不足は、体調不良(ふりょう)の原因になりかねない。
2. 考え方次第で、人生が幸福(ふこう)にも不幸にもなる。
3. 感謝の気持ちを込めて、先生に手紙を書きました。
4. 今の暮らしをより豊かに、より幸せにしたい。

第17課　他人百姓

1. A：これから、日本へ留学に行く皆さんに言っておくけど、日本へ行っても、言葉が話せなければ、孤立しかねないから、まず言葉の勉強に全力を尽くして、頑張ってください。

   B：はい、頑張ります。

2. A：結婚式で社長にスピーチをお願いしたいんですが、どう言えばいいですか。

   B：それはめでたいことですし、誠意を込めて頼めば快く引き受けてくれるでしょう。

3. 21世紀に入ってから、ロボットの進化は目覚ましく、人間の生活をより便利にしてくれることが期待されています。しかし、ある調査によると、この先10年〜20年の間に、働く人の約半分がロボットに仕事を奪われかねないそうです。

4. A：何か好きな言葉がありますか。

   B：そうですね。僕は「丁寧に生きる」という表現が大好きです。どんな時にも、どんな些細なことにも常に心を込めて今を生きるって、素晴らしいでしょう。

5. A：これから生まれてくる子に、どんな名前を付ければいいと思う？男なら、やはり「太郎」がいいでしょう。

   B：そんなありふれた名前、わたしは嫌だわ。名前は親が子どもに初めてあげるプレゼントだよ。ちゃんと将来への期待を込めて考えなくちゃ。

6. A：家を建てようと思っているんですが、やはり400万円では無理でしょう。

   B：そうでもないです。工夫次第では低予算でもかなり立派な家が建て

られますよ。

7. A：幸せになる方法は何だと思いますか。

B：幸せは「なる」ではなく「感じる」だと思います。人生には山もあれば谷（たに）もありますが、幸せを掴めるかどうかは心の持ち方次第だと思います。

他人百姓（たにんびゃくしょう）

田植（たう）えの季節になりました。

さて、日本には古くから「他人百姓」と呼ばれる世渡（よわた）りの術（じゅつ）があります。隣の家が田植えを始めたから、うちもそろそろしよう。あそこが稲（いね）の刈（か）り取（と）りを始めたから、うちもやろうなどと考える…このように他人が何かやるのを見て、安全を確認してから自分の仕事にとりかかる気性（きしょう）（うまれつきの性質（せいしつ））のことを言います。

農業（のうぎょう）をする人にとっては、気候はとても大切な要素の一つであるし、また、昔から共同（きょうどう）作業はよく行われていたことだから、「他人百姓」は、そのような農業を営（いとな）む風土（ふうど）の中から生まれた。言ってみれば「生活の知恵（ちえ）」ということもできます。

でも、本当に賢（かしこ）いお百姓さんはより実（みの）り多い収穫（しゅうかく）を得ようと自分で工夫します。まず、気候や土や稲の性質をよく知り、よそに先（さき）がけて田植えをしたり、もう一週間待てば、よく乾燥してくるに違いないと、他人が汗水（あせみず）をたらしているのをゆっくりと眺めて、遅れて刈（か）り取（と）るものです。

君たちの勉強でも同じことが言えます。そろそろ中間テストも始まる頃で

第17課　他人百姓

すが、友達が勉強を始めたから自分もそろそろやろうと思っている人は多いのではありませんか。そういう人は、まさに他人百姓です。

　人のまねばかりしていると、いつか思わぬ失敗を招きかねません。

　人は誰でも努力と勉強次第で、その道の第一人者になれると私は信じています。

　中間テストの出題（しゅつだい）範囲をしっかり確認して、量と内容をよく考えて、そのための勉強をいつから始めるのが良いかを決める。テスト開始までの計画を組み立（た）てていく。弱い教科や弱い分野にはなるべく時間を多くとるようにする。そして、後は、自分が立てた計画に自分自身に文句を言わせないで、それを実行（じっこう）していく。賢い人は、自分の勉強法（べんきょうほう）をよく知り、自分の弱点をよく知り、時には友達に先がけ、時にはゆっくりと自分の勉強をコントロールできる人です。

　ゼミの勉強も、テキスト、確認テスト、参考書、ノートのとり方をよく知ることから始まります。それらをどのように自分で活用（かつよう）するかを考えて、心（こころ）を込（こ）めて、自分の勉強方法を作り上げてください。先生たちは、十分君たちの相談に乗ってくれるはずです。遠慮なく相談してください。

　土の上は歩きにくい。雨が降れば、ぬかるみになる。晴れの日が続けば、土（つち）ぼこりが舞（ま）い上（あ）がる。どのように歩くか、自分で歩き方を工夫しなければならないのです。

（http://www.nohkai.ne.jp/tyorei/?p=173 による）

一、～かねない

接続：　动－ます形　＋かねない

解说：该句式用于表达有发生某种事态的可能性与危险性，意思上近似于"～かもしれない"，但"～かねない"只用于说话人对负面事物的评判。意思上相当于汉语中的"不难……""很可能……"。

例

▶ 運動不足や睡眠不足は、体調不良の原因になりかねない。

（缺乏运动和睡眠不足有可能成为身体状况不良的原因。）

▶ この問題を早く解決しなければ、会社は倒産しかねません。

（这个问题不尽快解决的话，公司很可能会倒闭。）

▶ こんな場所で大きな地震が起きたら、津波を引き起こしかねません。

（这样的地方发生大地震的话，很可能会引发海啸。）

▶ 今回の土砂崩れは二次災害を引き起こしかねない。

（这次的塌方很可能会引起二次灾害。）

二、～次第だ／～次第で／～次第では

接续： 名 ＋次第だ／次第で／次第では

解说：该句式表示某个事态的发展或结果取决于接续在"……次第"之前的事物，意思上相当于汉语中的"全凭……""取决于……""要看……（而定）"。

例

▶ 結婚相手次第で人生が決まることがある。

（人生有时取决于结婚对象。）

▶ お小遣いは君の成績次第だ。

（零花钱的多少取决于你的成绩。）

▶ 世の中は何でも金次第というわけではない。

（这个世界不是什么都得靠金钱来决定的。）

▶ 考え方次第で、人生が幸福にも不幸にもなる。

（人生幸不幸福取决于你怎么想。）

三、～をこめて

接续：　名　+をこめて

解说：该句式表示主语人物对某事倾注某种情感，或满含某种感情去做某事，相当于汉语中的"满含……之情""以……之情"。

例
- 心を込めて、弁当を作った。（用心做便当。）
- 強い怒(いか)りを込めて今回の差別的な処遇に抗議した。

  （满含着强烈的愤怒，对此次歧视性的待遇进行了抗议。）
- 感謝の気持ちを込めて、先生に手紙を書きました。

  （满含感谢的心情，给老师写了封信。）
- 永遠に変わらぬ愛を込めて彼女に花を贈った。

  （满怀永远不变的爱给她送了花。）

より

副词"より"多用来修饰形容词、形容动词和部分动词，表示程度上进一步加强，一般翻译为"更……""更加……"。

例
- より良い人生を送るために、フランスに行くことを決めた。

  （为了度过一个更好的人生，决定去法国。）
- 今の暮らしをより豊かに、より幸せにしたい。

  （想让现在的生活更加富裕，更加幸福。）

一、请给下列画线词选择正确的读音或汉字。

1. 中国の未来は教育が<u>握って</u>いる。
   ①にぎって ②つねって ③くくって ④くじけって
2. この伝染病は多くの人の命を<u>奪った</u>。
   ①うしなった ②とった ③しかった ④うばった
3. 彼は<u>気性</u>の激しい人です。
   ①きせい ②きしょう ③けせい ④けしょう
4. 今回の会議は<u>実り</u>多いものとなった。
   ①みなり ②いのり ③みのり ④まもり
5. ようやく要点が<u>つかめる</u>ようになった。
   ①掴める ②勤める ③縮める ④緩める

二、请选择合适的句型。

1. これから先のすべては君の腕＿＿＿＿＿です。
   ①の限り ②限り ③の次第 ④次第
2. 夢をきちんと持たない子供は将来不幸になり＿＿＿＿。
   ①かねます ②かねない ③にくい ④っぽい
3. 感情＿＿＿＿文章を読んでください。
   ①をとわず ②をはじめ ③をこめて ④をきっかけに

4. 有名なブランドのバッグ＿＿＿＿、中古品(ちゅうこひん)なので安くしてもらったんだ。

①といっても　②だからこそ　③からには　④どころか

5. 妻が心をこめて作ってくれた料理だから、食べない＿＿＿＿。

①にすぎない　　　　　　②しだいだ

③わけだ　　　　　　　　④わけにはいかない

三、请给下文的★处选择最合适的选项。

1. 当社では＿＿★＿＿　＿＿＿＿　＿＿＿＿　＿＿＿＿を心掛(こころが)けている。

①ようなサービス　　　　②もらえる

③喜んで　　　　　　　　④お客様に

2. どこで＿＿＿＿　＿＿＿＿　＿★＿＿　＿＿＿＿次第だ。

①は　　　②彼女の　　　③返事　　　④会うか

3. 今日の＿＿＿＿　＿★＿＿　＿＿＿＿　＿＿＿＿。

①我々(われわれ)は　　　　②ような試合

③より強くならなければならない　④にならないように

四、将下列汉语翻译成日语。

1. 一切取决于你的努力。

＿＿＿＿＿＿＿＿＿＿＿＿＿＿＿＿＿＿＿＿＿＿＿＿＿＿＿＿＿＿＿

2. 幸福与否取决于你的想法。

＿＿＿＿＿＿＿＿＿＿＿＿＿＿＿＿＿＿＿＿＿＿＿＿＿＿＿＿＿＿＿

3. 满含心意地为母亲织了一件毛衣。

＿＿＿＿＿＿＿＿＿＿＿＿＿＿＿＿＿＿＿＿＿＿＿＿＿＿＿＿＿＿＿

4. 没有其他更为简单的方法吗？

＿＿＿＿＿＿＿＿＿＿＿＿＿＿＿＿＿＿＿＿＿＿＿＿＿＿＿＿＿＿＿

新单词

他人（たにん）⓪	名	别人，他人，旁人
百姓（ひゃくしょう）③	名	农民，老百姓
不良（ふりょう）⓪	名；形动	不好，不良；品行不好的人
孤立（こりつ）⓪	名；自动サ	孤立，孤立援助
めでたい③	形	可喜，可贺
誠意（せいい）①	名	诚意
快い（こころよい）④	形	畅快，舒适；痛快
進化（しんか）①	名；自动サ	进化
目覚しい（めざましい）④	形	惊人的，出奇的，特别突出
奪う（うばう）②	他动五	夺，抢夺；使人失去
有り触れる（ありふれる）④	自动一	常见的，常有的，司空见惯
工夫（くふう）⓪	名；他动サ	设法，找窍门；下功夫
低予算（ていよさん）③	名	低预算
谷（たに）②	名	山谷
田植え（たうえ）③	名；自动サ	插秧
世渡り（よわたり）②	名；自动サ	度日，生活，处事
術（じゅつ）①②	名	术，技艺；谋术
稲（いね）①	名	稻子
刈り取り（かりとり）⓪	名	收割，割取
気性（きしょう）⓪	名	天性，秉性，脾气
生まれつき（うまれつき）⓪	名；副	天性，与生俱来的；生来
性質（せいしつ）⓪	名	本性，特性
農業（のうぎょう）①	名	农业
共同（きょうどう）⓪	名；自动サ	共同

第17課　他人百姓

営む（いとなむ）③	他動五	经营
風土（ふうど）①	名	风土，水土；风俗，习惯
知恵（ちえ）②	名	智慧；聪明
賢い（かしこい）③	形	聪明的，伶俐的
実る（みのる）②	自動五	结实，结果；有成果
収穫（しゅうかく）⓪	名；他動サ	收获
土（つち）②	名	土壤
先駆ける（さきがける）④	自動一	首先攻入，抢先开始
汗水（あせみず）⓪	名	汗水
垂らす（たらす）②	他動五	垂，滴，淌；使之下垂
出題（しゅつだい）⓪	名；自動サ	出题
実行（じっこう）⓪	名；他動サ	实行，实际进行
勉強法（べんきょうほう）⓪	名	学习方法
コントロール④	名；他動サ	控制，调节，支配，管理
活用（かつよう）⓪	名；自他動サ	活用
泥濘（ぬかるみ）⓪	名	泥路，泥泞的地方
土ぼこり（つちぼこり）③	名	尘土，灰土
舞い上がる（まいあがる）④	自動五	飞舞，飞扬；得意扬扬
引き起こす（ひきおこす）④	他動五	拉起，扶起；引起
土砂崩れ（どしゃくずれ）③	名	塌方
二次災害（にじさいがい）③	名	二次灾害
怒り（いかり）③	名	愤怒，生气
握る（にぎる）⓪	他動五	握，抓住；掌握
中古品（ちゅうこひん）⓪	名	半旧品，二手货
我々（われわれ）⓪	名	我们，咱们
不幸（ふこう）②	名；形動	不幸
組み立てる（くみたてる）④⓪	他動一	组装

二次元爱好者的天堂

每一位学习日语的同学都有着自己的理由。在这之中，因为喜欢日本动漫，进而学习日语的同学相信也不在少数。

我们日常所说的动漫，在日本被归属于"二次元"，具体包括漫画（コミック）、动画（アニメ）和游戏（ゲーム，以 GalGame 和日系卡牌游戏等为主，包括但不仅限于此）、小说（主要为轻小说，包括但不仅限于此）等相关及其衍生领域。

漫画和动画是日本给予世界很大影响的最具代表性的现代文化。

我们现在所说的日本漫画，通指自第二次世界大战（1945年）后，由"日本漫画之父"手冢治虫所带领的革新。而伴随电视突飞猛进的发展，受欢迎的漫画被搬上银幕，日本又开始了动画时代。在日本，不仅仅是孩童，大人们也绝对能找到一款能尽情享受的漫画或动画。

日本在游戏制作领域处于世界领先地位。由日本人最早发明的红白机（任天堂）、PlayStation（索尼）等游戏机曾风靡全球，至今仍在全世界大受欢迎。

轻小说（ライトノベル），是指主要面向年轻人，一般多以青春期的中学少年少女为主角，以口语和时下流行语等进行轻快的描写，并配以漫画风格插画的娱乐性文学作品。同时，它被广泛改编成漫画、动画等影视作品。

衍生产品方面，最广为人知的大概要数"同人制作"（二次创作）和"cosplay"了。除去每年冬夏在东京江东区有名的东京国际展示场举行的世界级最大规模的"同人志即卖会"（ComicMarket，简称 Comiket/コミケ或 CM）外，东京和大阪等大城市隔三岔五都会有各种专门的中小型展会。

第18課　一人につき3 000万円!?

1. この薬は一箱(ひとはこ)につき20個のカプセルが入っている。
2. 夏季(かき)休暇につき15日まで休業いたします。
3. 午前中は文法を習って、午後は会話を中心に勉強することになっています。
4. 関西(かんさい)地方から東北地方にかけて大雪に襲われた。
5. 実物(じつぶつ)を見た上で、買うかどうかを決めます。

1. A：あら、このタオル、安いわ。ちょうど買おうと思ってたんだ。せっかくのチャンスだから、5枚買っていこうか。

   B：でも、そこの張り紙に書いてあるでしょう。「お一人様につき、3枚まで」って。

2. 工事中につき、近隣住民の方にはご迷惑をおかけしております。後2か月ほど続きますが、どうかよろしくお願い致します。

3. 弊社は事業拡大につき、正社員、パートを募集しています。営業や事務などいろいろな働き方ができます。ぜひ一緒に働きましょう。

4. A：ヘミングウェイの「老人と海」を読んだことがありますか。どういう物語ですか。

   B：ああ、それはなかなかの名作ですよ。作品は、海を中心にして、年を取った一人の漁師と巨大なマカジキとの戦いを通じて、海の持つ自然の厳粛さと、それに対決する人間の孤独を描いたものです。一読する価値があると思います。

5. A：あのう、わたくしは「おはようテレビ」のものです。番組の改善をするために、20代、30代の専業主婦の方々を対象に、アンケートを実施しておりますが、率直なご意見をお聞かせいただければ幸いに存じます。

   B：はい、簡単な質問なら、お答えします。

6. A：ある調査によると、春と夏は元気で、秋から冬にかけて鬱になるって人が多いそうです。

   B：やはり人の精神状態と季節が深く関係していますね。

7. A：先生、手術はやはり早く受けたほうがいいでしょうか。

   B：そうですね。念のために、もう一度診断をしたうえで、手術の日時を決めたほうが良いかと思います。

第18課　一人につき3 000万円!?

一人につき3 000万円!?

　子どもが生まれた世帯は、今までの夫婦単位が家族単位となり、お金の流れがやや複雑になるのが大きな特徴です。また子どもが生まれることで、育児休暇を取得したり退職するなどによって家計の中での貯蓄がペースダウンするのもこの子育て時代。そして、お子さんの年齢によっても貯め方が変化していきます。やや一般論になりがちな内容ですが、今回は教育費を中心にした貯め方をご紹介します。

子ども一人につき3 000万円のお金がかかる

　赤ちゃん時代から大学卒業にかけて、どれくらいのお金がかかるのでしょうか。一人で3 000万円、二人で6 000万円、三人で9 000万円？！と計算された方も多いのではないのでしょうか。このように数字だけで考えると、気の遠くなるような金額ですが、これは養育費と教育費を合計した金額で、そのうちの1 000万円程度が教育費です。この教育費も、幼稚園から大学までの20年近くにもわたって払い続けた場合のトータルの金額。一括で用意するべき金額ではありませんので、まずはご安心を。

赤ちゃん時代の貯め方

　スタートが肝心です。生まれたばかりの赤ちゃんには、あれこれ買ってあげたくなってしまいたくなります。この時期は、貯めたお金がどんどん出て行ってしまいますが、お金は使うためにあるものと割り切る気持ちも大切です。
　教育資金はコツコツと貯め始めましょう。

保育園、幼稚園時代の貯め方

　保育園の保育料は、世帯年収や自治体によっても金額が異なりますが、一

般的には月齢が低いほど料金が高く、小学生に近くなるにつれて安くなります。働くお母さんにとって、保育園時代の保育料が家計に重くのしかかることもあり、場合によってはお母さんのお給料がそのまま保育料になってしまうケースもありますが、考え方によっては後々の投資と思って割り切るお母さんも多いようです。

小学生時代の貯め方

　小学校へ進学した場合の学校教育費と給食費は6年間で58万2,000円、塾などの学校外活動費は6年間で125万4,000円の合計183万6,000円。数字だけで考えると、学校自体の教育費はそれほど心配する金額でもなさそうです。問題は塾にかけるお金です。中学校受験対策は小学校4年生からとも言われていますから、受験を考えている場合は3年生まではできるだけ貯蓄にまわしておきましょう。

中学生時代の貯め方

　中学校の学校教育費と給食費の合計は3年間で、50万4,000円、塾代といった学校外活動費は84万9,000円で、合計135万3,000円です。子どもの手もそろそろ離れるころですので、本格的に働いて収入を増やして大学費用に余裕を持たせるのも手です。とは言え、その間に住宅を購入している場合もあり、返済は無理にしようと考えずに、教育費とのバランスを考えながら余裕があるなら、返済も視野に入れると良いでしょう。

高校生時代の貯め方

　大学入学まであと少しとなった高校生。公立高校の3年間の学費は69万3,000円、学校外活動費の合計は46万8,000円の合計116万1,000円。この時点で、現在の教育資金の貯まり具合を考えながら、奨学金の制度などもチェックしておきましょう。

第18課　一人につき3 000万円!?

　　また、進学する場所も自宅から通える大学にするのか、それともアパートを借りて一人暮らしをさせるのかにもよって、かかる費用が変わります。地方在住であれば、一人暮らしの費用もプラスして考えておいたほうが良さそうです。

　　日本学生支援機構、平成24年度学生生活調査によると、一人暮らしの大学生における年間の生活費は住居費を含めて年間約101万円。4年間で約440万円です。この部分をどのように捻出、節約するかを本人と話し合って志望校を決めたり、大学生になったらアルバイトをするといったお金の取り決めをしておくと、お子さんにとっても具体的な進路を考えるきっかけになるでしょう。

　　こうしてみると教育費は、かけどころと、抑えどころを見極めることが大切です。そのうえで計画的な貯蓄と徹底した情報収集で上手に乗り切っていきましょう。

（作者：丸山晴美）

一、～につき

　　"～につき"在使用上分别有以下三种情况：

1.接续：　数量词　+につき

　解说："～につき"前接数量词，表示以前面给出的数量为基准，意思上相当于汉语中的"每……""按……"。

　▶この薬は一箱につき20個のカプセルが入っている。

　　（这个药每盒有20个胶囊。）

　▶アルバイト料は1時間につき800円です。

　　（打工的工资是每小时800日元。）

▶ ＡＴＭでお引出しできる金額は１回につき１００万円までです。

（ATM 机每次可以取出的最高金额为 100 万日元。）

2. 接续： 名 +につき

解说："～につき"前接名词，可以表示理由与原因，语气郑重，多用于书面性表达。

例

▶ 夏季休暇につき15日まで休業いたします。

（由于夏季休假，停业至15号。）

▶ 道路工事中につき、まわり道にご協力お願いします。

（由于道路施工，请绕行。）

▶ 大雨につき、運動会は延期。（由于大雨，运动会延期。）

3. 接续： 名 +につき

解说："～につき"前接名词，表示关于……，是"～について"的郑重表达，多用于书信、演讲、通告等方面，其敬语说法为"～につきまして"。

例

▶ 事故の原因につき、まだ不明なところが多い。

（关于事故的原因，尚有许多不清楚的地方。）

▶ この問題の対応策につき、今回の会議で検討してほしい。

（关于这个问题的对策，希望在这次会议上加以讨论。）

二、～を中心に／～を中心として／～を中心にして

接续： 名 +を中心に／を中心として／を中心にして

解说：该句式表示以前接名词为中心进行某种动作，意思上相当于汉语中的"以……为中心"。

除"～を中心に"这一表达之外，日语中还有许多类似的用法，表示"以……

……"之意。

> **例**
>
> ～を対象に／（～を対象として）（以……为対象）
>
> ～を基準に／（～を基準として）（以……为基准）
>
> ～を根拠に／（～を根拠として）（以……为根据）
>
> ……

> **例**
>
> ▶ この漫画は主に若い男性を中心として読まれている。
>
> （这个漫画的读者以年轻男性为主。）
>
> ▶ 弊社は東北地方を中心に事業を展開しております。
>
> （我公司以东北地区为中心开展业务。）
>
> ▶ 午前中は文法を習って、午後は会話を中心に勉強することになっています。
>
> （按惯例，上午学习语法，下午则以会话为中心学习。）
>
> ▶ 高校生2 000人を対象に、アンケート調査を行いました。
>
> （以2 000名高中生为对象，进行了问卷调查。）
>
> ▶ 携帯を買うとき、何を基準に選ぶのですか。
>
> （买手机的时候，以什么为基准来选择呢？）
>
> ▶ 何を根拠にそのようなことを言っているのですか。
>
> （你以什么为根据说那样的话？）

三、～から～にかけて

接续： 名 ＋から 名 ＋にかけて

解说：该句式所表示的含义近似于"～から～まで"，表示某个时间或空间

的范围，只是相较于"～から～まで"并不是确切地指示出其范围的界限，而是一种笼统、大致的表述，相当于汉语中的"从……到……"。

例
- ▶ 関西地方から東北地方にかけて大雪に襲われた。

  （关东地区到东北地区都受到了大雪的侵袭。）

- ▶ 昼過ぎから夕方にかけて、にわか雨か雷雨があるでしょう。

  （午后到傍晚这段时间会有阵雨或是雷雨吧。）

- ▶ 台風は今晩から明日の朝にかけて上陸する模様です。

  （台风看样子会在今晚到明早之间登陆。）

- ▶ 日本では6月から7月にかけて雨が多いです。

  （日本从六月到七月之间雨很多。）

四、～上で／～の上／～上での

1. 接续： 名－の／动－た形 ＋上で／の上／上での

解说：该句式表示其前项事件为后项事件进行的重要前提条件，即后项基于此前提而进行，意思上相当于汉语中的"在……的基础上""在……之后"。

例
- ▶ 予約の時間を確認の上、ご来店ください。

  （请确认过预约的时间后再来店里。）

- ▶ 担当の者と検討した上で、メールを送らせていただきます。

  （请允许我和负责人商量之后再发邮件给您。）

- ▶ 実物を見た上で、買うかどうかを決めます。

  （看过实物之后，再决定买不买。）

第18課　一人につき3 000万円!?

▶ これは各部門が十分検討した上での決定です。

（这是各个部门充分讨论后的决定。）

2. 接续：

| 名－の |
| 动－基本形 |

＋上で／上では

解说：表示在某一事件的过程之中，或在某一事物的层面之上……，意思上相当于汉语中的"在……方面""在……上"。

例

▶ 外国語を勉強する上で、単語を覚えるのは重要だ。

（在学习外语这方面，记单词很重要。）

▶ 地図の上では近く見えるが、歩いて行ったら、2時間もかかる。

（虽然在地图上看挺近的，但是步行去的话要花上两个小时。）

▶ 法律の上では平等でも、現実には不平等なことがある。

（即使在法律上平等，但在现实中不平等的事也是有的。）

▶ マンションを買う上での注意点は何ですか。

（在买公寓方面应注意些什么问题？）

一、～所

"～所（どころ）"是名词"ところ"的接尾词用法，常见用法有以下几种情形：

1. 接在某些名词后，表示是盛产……的地域。

如：米所（こめどころ）（盛产大米的地方）

茶所（ちゃどころ）（盛产茶叶的地方）

2. 接在某些动词"ます形"之后，表示该动作进行时所涉及的场所或涉及事物的相关部分，或最适合、最应该做该行为的场所，以及涉及相关事物的部分。

如：うわさの出所（でどころ）（传闻的出处）

ごみの捨て所（すてどころ）（垃圾的抛弃场所）

見所（みどころ）のある新人（有发展前途的新人）

二、～代（だい）

"代（だい）"是接尾词，接在某个名词之后，表示该事物所产生的费用。常见的有："食事代（しょくじだい）""電気代（でんきだい）""水道代（すいどうだい）""電話代（でんわだい）""ガス代（だい）""交通代（こうつうだい）"等。

第18課　一人につき3 000万円!?

一、请给下列画线词选择正确的读音或汉字。

1. <u>中腰</u>で長時間仕事をしていたため、腰が痛い。
   ①なかごし　　②ちゅうよう　　③ちゅうごし　　④なかよう

2. あの男は<u>率直</u>で、いつも単刀直入にものを言う。
   ①すなお　　②すてき　　③しょうじき　　④そっちょく

3. ダイエットに<u>肝心</u>なのはやはり食事と運動だと思います。
   ①かんじん　　②かんしん　　③きもこころ　　④きもごころ

4. <u>実物</u>を見てからではないと、買うかどうか決められません。
   ①じつもの　　②じつぶつ　　③みもの　　④じつもつ

5. この<u>計画</u>について、何か意見があれば、率直に話してください。
   ①けかく　　②けいが　　③けいかく　　④けいがく

二、请选择合适的句型。

1. 工事中＿＿＿＿＿、ご迷惑をおかけします。
   ①について　　②につき　　③につけて　　④にかけて

2. 上司と相談した＿＿＿＿＿、ご返事いたします。
   ①上に　　②上で　　③上は　　④以上は

3. 明日は関西地方から東北地方＿＿＿＿＿大雪になりそうです。
   ①をはじめに　　②を中心に　　③について　　④にかけて

4. このグループは木村さん＿＿＿＿活動している。

①をはじめに　　　　　②を中心に

③にしたがって　　　　④につれて

5. この方案（ほうあん）は実行する＿＿＿＿いくつかの問題点がある。

①上に　　②上で　　③反面　　④一方

三、请给下文的★处选择最合适的选项。

1. ＿＿＿＿　★＿＿＿＿　＿＿＿＿　＿＿＿＿というが、まだまだ寒い日が続いている。

①では　　　②上　　　③もう春だ　　　④暦の

2. 休日は混雑（こんざつ）が予想されますので、＿＿★＿＿　＿＿＿＿　＿＿＿＿　＿＿＿＿ご来店くださいませ。

①ご予約　　②の上　　③で　　④お電話で

3. 东京駅＿＿＿＿　＿＿＿＿　＿★＿＿　＿＿＿＿を首都圏という。

① 150キロの地域　　②を　　③に　　④中心

四、将下列汉语翻译成日语。

1. 该图书馆每人每次最多只能借阅3本书。
_____

2. 充分考虑之后再做决定。
_____

3. 母亲从早上9点到12点左右给我打了好几通电话。
_____

4. 以留学生为对象，对他们的就业活动进行支援。
_____

第18課　一人につき3 000万円!?

一箱（ひとはこ）②	名	一箱
カプセル⓪	名	胶囊
夏季（かき）①	名	夏季
関西（かんさい）①	名	关西
実物（じつぶつ）⓪	名	实物，实际物品
張り紙（はりがみ）⓪	名	贴纸
近隣（きんりん）⓪	名	近邻，近处
どうか①	副	请，务必；是否
パート⓪①	名	零工，钟点工
名作（めいさく）⓪	名	名作
戦い（たたかい）⓪	名	战争，战斗
一読（いちどく）⓪	名；他动サ	一读，读一遍
対象（たいしょう）⓪	名	对象
率直（そっちょく）⓪	形動	坦率，直率，爽快
鬱（うつ）①	名	充满，担忧
念の為に（ねんのために）⑤	慣用語	为了确认，慎重起见
日時（にちじ）①	名	日期与时刻，时间
世帯（せたい）①②	名	家，家庭
単位（たんい）①	名	单位；学分
育児（いくじ）①	名	育儿
貯蓄（ちょちく）⓪	名；他动サ	储蓄，积蓄
やや①	副	多少，稍微
一般論（いっぱんろん）③	名	一般原则，一般见解
養育費（よういくひ）④	名	养育费用

合計（ごうけい）⓪	名；他动サ	合计，总计
一括（いっかつ）⓪	名；他动サ	概括起来，总括起来
スタート②	名；自动サ	出发，起点
あれこれ②	代；副	这个那个，种种
割り切る（わりきる）③	他动五	整除；明确地下结论
資金（しきん）①②	名	资金
こつこつ①	副	勤奋，刻苦
保育園（ほいくえん）③	名	保育园
年収（ねんしゅう）⓪	名	年收入，一年的收入
伸し掛かる（のしかかる）④	自动五	压上来，压在心头
後々（あとあと）⓪	名	以后，将来
投資（とうし）⓪①	名；自动サ	投资
給食費（きゅうしょくひ）④	名	饮食费
回す（まわす）⓪	他动五	转动，围上，传递
費用（ひよう）①	名	费用，经费
返済（へんさい）⓪	名；他动サ	归还，偿还
公立（こうりつ）⓪	名	公立
貯まり（たまり）⓪	名	积攒
奨学金（しょうがくきん）⓪	名	奖学金
自宅（じたく）⓪	名	自己家
一人暮らし（ひとりぐらし）④	名	独自生活，单身生活
機構（きこう）⓪	名	机构，结构
平成（へいせい）⓪	名	平成（日本的年号之一）
住居費（じゅうきょひ）③	名	住宿费
捻出（ねんしゅつ）⓪	名；他动サ	想出，定出；勉强凑出
節約（せつやく）⓪	名；他动サ	节约

第18課　一人につき3 000万円!?

志望校（しぼうこう）②	名	志愿的学校、想报考的学校
取り決め（とりきめ）⓪	名	决定，约定，商定
抑える（おさえる）③	他动一	摁住，压制，镇压；控制
見極める（みきわめる）④	他动一	看清，看透；鉴别
乗り切る（のりきる）③	自动五	前进；排除（困难）
回り道（まわりみち）③	名	绕远，绕道
延期（えんき）⓪	名；他动サ	延期
不明（ふめい）⓪	名；形动	不明，不详，不知道
対応策（たいおうさく）③	名	对应策略
雷雨（らいう）①	名	雷雨
模様（もよう）⓪	名	花纹，图案；样子
決定（けってい）⓪	名；自他动サ	决定
平等（びょうどう）⓪	名；形动	平等
長時間（ちょうじかん）③	名	长时间
単刀直入（たんとうちょくにゅう）⓪	名；形动	开门见山，直截了当
方案（ほうあん）⓪	名	方案
混雑（こんざつ）①	名；自动サ	混杂，拥挤
キロ①	名	千克，千米
計算（けいさん）⓪	名；他动サ	计算

各式各样的主题饮茶/咖啡店

1. メイドカフェ/喫茶（女仆咖啡）

2001年发源于日本东京的秋叶原不只是普通的咖啡店，还是可以和身着女仆装的服务员进行会话和游戏的主题咖啡店（含简餐）。

进店时，店员们会微笑说着"おかえりなさいませ、ご主人様（女性の場合はお嬢様）"来迎接，离开时会说着"行ってらっしゃいませ、ご主人様"列队欢送并期待你的下次光临。

2. 執事カフェ（执事/管家咖啡）

2006年日本兴起了一股管家风潮，2008年与宅男圣地秋叶原的女仆咖啡对应的，乙女圣地池袋涌现出多家执事主题咖啡店。执事咖啡的服务生全都是穿着燕尾服的帅哥，并且提供不同类型的人设，供顾客选择。人气高的咖啡店甚至需要提前一个月通过电话来预约。

3. マンガ喫茶店（漫画咖啡）

普通的咖啡店一般只是提供饮料和聊天、见面的场所，此处则以漫画和各种娱乐设施为卖点来吸引二次元爱好者。因其相对低廉的小时租金，很多人甚至在里面一待就是一天。有些大规模的店铺不仅可以提供过夜服务，还能为使用者提供公共淋浴设施，因而很多低收入者或上班族都将其作为物美价廉的歇息之处。

4. 声優カフェ（声优咖啡店）

2011年7月，声优松风雅也在东京秋叶原开了一家独具特色的咖啡店——声优咖啡屋。不同于其他主题的咖啡店，这里的所有服务员都是如假包换的专业声优。声优咖啡屋的装修风格就像是一间专业的录音棚，屋里还设有专业级麦克风、音箱和小舞台。在品茶休息期间，服务员们还会应顾客的要求用专业的嗓音为顾客朗诵诗歌、散文或动画中的著名片段。这绝对是任何其他咖啡屋都不可能有的特殊享受。

第19課　今自分たちにできること

第19課　今自分たちにできること

1. 青春時代のことはもうほぼ忘れかけている。
2. 試合を終えた選手の顔はみんな泥だらけだ。
3. この温泉は昼夜を問わず、お客さんでいつも賑わっている。
4. 最近は大都市ばかりでなく、中小都市でも道の渋滞がひどくなっている。

1. A：これって、20年以上も前の歌でしょう。懐かしいなあ。

   B：ええ、聞いていると、忘れかけていた青春時代の思い出を思い出させてくれますね。

2. A：先週、近所で火事がありましたね。原因は何だったんですか。

   B：あの家の旦那さんの話によると、自分が灰皿に吸いかけのタバコを置いて、そのまま忘れて出かけた間に、タバコが転がって火災になったそうです。

3. A：国が節約を提唱する一方、内需の拡大を図ろうとしている。なんだか、世の中は矛盾だらけだよね。

   B：確かにそうだよね。

4. A：山田さん、週末みんなで学校の後ろにある山を登るって約束したんだけど、一緒に行かない？

   B：こんな季節に山登りか？今は岩だらけだろうが。

5. A：就職するなら、どんな企業がいいと思う？

   B：わたしの場合はやはり、性別や国籍を問わず活躍できる外資系企業のほうがいいと思います。

6. 洋の東西を問わず、近代以前の美術作品は、今日の美術のように作家の個性や美そのものを目的とするというよりも、社会的、宗教的などのメッセージを伝える性格が顕著であった。

7. A：彼が万引きしたって、クラスメートのみんなが知っているらしいですよ。

   B：クラスメートばかりか、先生たちにも知られているんです。

8. A：今朝の朝礼で部長は「何を話すというより、どう話すかが大事だ」とおっしゃったよね、この言葉、どう受け止めたらいいですか。

第19課　今自分たちにできること

B：つまり、話す内容ばかりでなく、常に話し方に気を付けてください ということです。

今自分たちにできること

　平成26年8月20日未明、広島市北部を土砂災害が襲いました。緊急援助隊の指揮官として現場に急行した私は、想像を絶する大量の土砂、無残に潰された家屋、付近を彷徨う被災者を目にして、一瞬、言葉を失いかけました。

　しかしすぐに私は、「今こそ警察の底力を見せるときだ、今の自分たちにできることをやろう」と自分を奮い立たせ、隊員たちにも同じ言葉をかけました。隊員たちは、降り続く雨が活動を妨げ、猛暑が容赦なく体力を奪っていく中、全身泥だらけになりながらも、疲れも眠気も忘れ、思いを一つにして全力で救出救助活動に当たりました。また、全国警察からの派遣部隊を始め、消防、自衛隊の方々等とも連携し、一丸となって昼夜を問わず活動を続けました。

　約半月が経過した平成26年9月、戦後最悪の火山災害となった御嶽山噴火が発生し、直ちに私たち機動救助隊にも出動命令が下されました。

　現場は、標高3 000メートルを超える急峻な山岳地帯であるばかりか、その山肌は火山灰を含んだ厚い泥に覆われていた上、再噴火のおそれと硫化水素等の有毒ガスの発生、さらには降雨に見舞われるなど、これまで経験したことがない過酷な条件下での捜索・救助活動となりました。私は指揮官として、一刻も早く全ての行方不明者を発見・救助しなければならないという重い責任を背負いながら、これまで厳しい訓練を共にしてきた隊員と、懸命に捜索活動に当たりました。

連日続く捜索により、隊員の気力、体力は限界に達していましたが、そのような状況の中で私たちを支えてくれたのは、毎日山を見上げ、手を合わせて行方不明者の無事を祈る家族の方々の姿と、警察官としての誇りと使命感でした。
　このような過酷な環境の中でも、隊員が心を一つにして任務を完遂できたことを誇りに思っています。これからも、緊急援助隊が築き上げてきた伝統と技術を継承しながら、今自分たちにできること、その職務に全力を尽くす覚悟です。

（「警察活動の最前線」による）

一、～かけだ／～かけの／～かける

　接続：　动-ます形　+かけだ／かけの／かける

　解说：该句式表示某个动作或行为进行到一半或没做完就终止的意思，相当于汉语中的"……到一半""……的中途"。

▶ 大切にしていた時計は壊れかけている。

　（一直很珍惜的一块表快坏了。）

▶ テーブルに食べかけのケーキが置いてある。

　（桌子上放着吃了一半的蛋糕。）

▶ 最近忙しくて、読みかけの小説はそのままになっている。

　（最近很忙，读了一半的小说就那样一直放着了。）

▶ 青春時代のことはもうほぼ忘れかけている。

　（青春时期的事已经差不多忘了。）

第19課　今自分たちにできること

二、～だらけ

接続：　名　+ だらけ

解说："～だらけ"表示到处充斥着某事物，一般用于负面性的事物，但也有类似于像"いいことだらけ""花だらけ"等表达，意思上相当于汉语中的"净是……""尽是……"。

▶ おばあさんの手は傷だらけだ。

（老奶奶的手伤痕累累。）

▶ この作文は字が間違いだらけで、読みにくい。

（这个作文错别字满篇，很难读。）

▶ 試合を終えた選手の顔はみんな泥だらけだ。

（比赛结束了，球员的脸都是泥。）

▶ あの人はお金持ちに見えるが、実は借金だらけだ。

（那个人看起来是富人，但实际上负债累累。）

三、～を問わず／～は問わず

接続：　名　+ を問わず／は問わず

解说：该句式表示无论前项情形如何，但从主观意志上不去考虑有关事项与情况，意思上相当于汉语中的"与……无关""不管……如何"。

▶ 経験の有無を問わず、誰でも参加できます。

（不论有无经验，谁都可以参加。）

▶ この町は季節を問わず、美しい花が楽しめます。

（这个小镇无论什么季节都可以欣赏到美丽的花。）

▶ 入学試験は男女を問わず、誰でも受けられます。

（不论男女，谁都可以参加入学考试。）

▶ この温泉は昼夜を問わず、お客さんでいつも賑わっている。

（这个温泉不论白天晚上，总是客人很多，热热闹闹。）

四、～ばかりか／～ばかりでなく

接续：

| 名 |
| 形 – 简体形 |
| 形动 – な |
| 动 – 简体形 |

+ ばかりか／ばかりでなく

解说：该句式表示一种递进的关系，强调情况不仅如此，一般是先说一个程度较轻的事，然后再说一个程度更高的事，后项常与「も」、「まで」呼应使用，意思上相当于汉语中的"岂止……""不仅……而且……"。

例

▶ 会社の同僚ばかりか、家族までが私を馬鹿にしている。

（岂止是公司的同事，甚至家人都把我当傻瓜。）

▶ 薬を飲んだけど、風邪は治らないばかりか、もっとひどくなってきた。

（虽然喝了药，但是感冒不仅没治好，反而更加严重了。）

▶ 最近は大都市ばかりでなく、中小都市でも道の渋滞がひどくなっている。

（最近岂止是大城市，连中小城市的道路拥堵也变得严重起来。）

▶ 彼は銀行からの借金が数百万もあって、そればかりか、友人からも相当のお金を借りているらしい。

（他借银行的钱有好几百万，不仅如此，似乎从朋友那里也借了相当数额的钱。）

第19課　今自分たちにできること

名词 + そのもの

在日语的表达上，经常在某个名词或形容动词词干后 + "そのもの"，其作用是对上面的事物或状态进行语气上的强调，意思上接近于汉语中的 "……其本身"。

例
- ▶ 計画そのものに問題がある。（计划本身就有问题。）
- ▶ この映画は彼の人生そのものだ。（这个电影就是他的人生。）
- ▶ 彼女の授業態度は真面目そのものだ。（她上课的态度很认真。）

一、请给下列画线词选择正确的读音或汉字。

1. あの人は息子の名誉のために、自分で罪を背負うことにしたらしい。
　①せおう　　②したう　　③したがう　　④おおう

2. スーパーで化粧品などを万引きするなんて不思議だ。
　①ばんひき　②ばんびき　③まんひき　　④まんびき

3. 隣の空地が雑草に覆われている。
　①おおわれて　②おそわれて　③おうわれて　④おわれて

4. 転がる石に苔は生えぬという諺を耳にしたことがある。
　①あがる　　②さがる　　③ころがる　　④こわがる

5. ストレスで体調をくずしてしまった。
　①壊して　　②落として　③崩して　　　④潰して

二、请选择合适的句型。

1. 人生は予測のつかないこと＿＿＿＿だ。
　①ほど　　　②ぐらい　　③だらけ　　　④わけ

2. このボランティア活動は年齢や性別＿＿＿＿、誰でも参加できる。
　①を問わず　②にもかかわらず　③のおかげで　④のあげく

3. 友人と話しているうちに、忘れ＿＿＿＿いる昔の夢を思い出した。
　①かけて　　②はじまって　③つづけて　　④おわって

4. あいつは反省しない＿＿＿＿、同じ失敗を何度も繰り返した。
　①ばかり　　②ばかりで　　③ばかりに　　④ばかりか

第19課　今自分たちにできること

5. 洋の東西＿＿＿＿、親は子どもに成功してほしいと願うものである。

　　①からして　　②に限らず　　③を問わず　　④に基づき

三、请给下文的★处选择最合适的选项。

1. 実験データ＿＿＿＿　＿★＿　＿＿＿＿　＿＿＿＿発表した。

　　①を　　②結果　　③基づいた　　④に

2. 昨日、息子は＿＿＿＿　＿＿＿＿　＿★＿　＿＿＿＿、外から帰ってきて、驚いた。

　　①だらけに　　②血(ち)　　③なって　　④顔が

3. 勤めていた会社が＿＿＿＿　＿＿＿＿　＿★＿　＿＿＿＿に、独立(どくりつ)することに決めた。

　　①のを　　②きっかけ　　③になった　　④経営不振(ふしん)

四、将下列汉语翻译成日语。

1. 那只小狗因为受伤快要死了。

　　_____

2. 这个房间好像好久没人进来过了，桌上尽是灰尘。

　　_____

3. 无论学历如何，招聘有干劲儿的人。

　　_____

4. 那部小说所写的就是作家其自身的生活。

　　_____

ほぼ①	副	几乎，大致，大体
終える（おえる）0	他动一	终止，结束
昼夜（ちゅうや）①	名；副	昼夜；日夜，经常
賑わう（にぎわう）③	自动五	热闹，繁华
転がる（ころがる）0	自动五	滚转，倒下
火災（かさい）0	名	火灾
提唱（ていしょう）0	名；他动サ	提倡，倡议
内需（ないじゅ）①	名	内需，国内需求
図る（はかる）②	他动五	谋求，设法，企图
矛盾（むじゅん）0	名；自动サ	矛盾
性別（せいべつ）0	名	性别
外資系（がいしけい）0	名	外资
東西（とうざい）①	名	东西（方向）
メッセージ①	名	口信，消息；声明
顕著（けんちょ）①	形动	显著，昭著
万引き（まんびき）0	名；他动サ	偷盗
未明（みめい）0	名	天蒙蒙亮，拂晓
急行（きゅうこう）0	名；自动サ	急往，赶快去
無残（むざん）①	名；形动	残忍，悲惨；残暴，残酷
一瞬（いっしゅん）0	名	一刹那，一瞬
底力（そこぢから）③0	名	潜力，实力
隊員（たいいん）0	名	队员
妨げる（さまたげる）④	他动一	妨碍，阻碍
容赦なく（ようしゃなく）①	惯用语	毫不留情

第19課　今自分たちにできること

派遣部隊（はけんぶたい）④	名	派遣部队
消防（しょうぼう）⓪	名	消防，消防队员
自衛隊（じえいたい）⓪	名	自卫队
連携（れんけい）⓪	名；自动サ	联合，合作
経過（けいか）⓪	名；自动サ	时间流逝，经过
戦後（せんご）⓪①	名	战后，第二次世界大战后
大嶽山（おおたけさん）⑤	名	大岳山
噴火（ふんか）⓪	名；自动サ	火山喷发
直ちに（ただちに）①	副	立时，立刻；直接，亲自
機動救助隊（きどうきゅうじょたい）⓪	名	机动救援队
出動（しゅつどう）⓪	名；自动サ	出动
標高（ひょうこう）⓪	名	海拔
急峻（きゅうしゅん）⓪	名；形动	险峻，陡峭
山岳地帯（さんがくちたい）⑤	名	山岳地带
山肌（やまはだ）⓪	名	山的地表
火山灰（かざんばい）②	名	火山灰
覆う（おおう）⓪②	他动五	覆盖，掩盖；笼罩
硫化水素（りゅうかすいそ）④	名	硫化氢
有毒（ゆうどく）⓪	名；形动	有毒
更に（さらに）①	副	再，进一步，更加
降雨（こうう）①	名	降雨，下雨
見舞う（みまう）⓪②	他动五	问安，探望；遭受
行方不明（ゆくえふめい）④	名	下落不明，失踪
背負う（せおう）②	他动五	背负，担当
訓練（くんれん）①	名；他动サ	训练
捜索（そうさく）⓪	名；他动サ	寻找，搜寻

気力（きりょく）⓪①	名	精力，气力
限界（げんかい）⓪	名	界限，极限
見上げる（みあげる）⓪③	他动一	仰视；钦佩，敬仰
警察官（けいさつかん）③④	名	警官
使命感（しめいかん）②	名	使命感
過酷（かこく）⓪	形动	过于严苛，残酷
任務（にんむ）①	名	任务，工作
完遂（かんすい）⓪	名；他动サ	完成，完全达到
築き上げる（きずきあげる）⑤	他动一	筑成，建成；办成
継承（けいしょう）⓪	名；他动サ	继承
職務（しょくむ）①	名	职务，任务
覚悟（かくご）①②	名；自他动サ	决心，不好事态的心理准备
有無（うむ）①	名	有无
名誉（めいよ）①	名；形动	名誉，荣誉
罪（つみ）①	名；形动	罪行，罪恶；冷酷无情，不近人情
空き地（あきち）⓪	名	空地
雑草（ざっそう）⓪	名	杂草
苔（こけ）②	名	苔藓
生える（はえる）②	自动一	生，长
予測（よそく）⓪	名；他动サ	预测
血（ち）⓪	名	血，血液
独立（どくりつ）⓪	名；自动サ	独立，孤立
不振（ふしん）⓪	名；形动	不好，不兴旺
命令（めいれい）⓪	名；自他动サ	命令

知识点

游日本小贴士

1. 请脱鞋
踩榻榻米以及去带榻榻米的餐厅请脱下您的鞋子（一些神社或者寺庙也需要脱鞋），踩上榻榻米之后请转身将鞋子整理成鞋跟朝自己的方向。

2. 请规范如厕行为
日本的厕纸可溶于水，请直接丢在马桶里，旁边的小桶只用来装卫生棉。为了避免堵塞马桶，请不要将随身携带的纸丢进马桶。

3. 请尽量不要并排走路
不给别人添麻烦是日本人的处世方式，如今已经根深蒂固。日本很多街道非常狭窄，为了照顾身边其他人请尽量不要并排走路。

4. 请勿占用优先席
①优先席也就是国内的老弱病残座位，在日本也会有明显的标志。
②电车或者地铁遇到挂有粉色标志（含义：我怀孕了）的人，请及时让座。

5. 请勿在电车、公交及地铁接听电话
请勿在电车内接打电话（一般去站台接听）。建议外出时最好将手机设置为震动模式。

6. 请勿大声喧哗
为了尊重别人的信仰，请勿在寺庙或者神社里大声喧哗以及戴着帽子或者墨镜去参拜。

7. 泡温泉时勿穿泳衣
泡温泉几个步骤：
①将衣服锁在储物柜，事先与酒店沟通是否提供，可以带条长毛巾进去（不是浴巾）。
②在淋浴区洗漱好。
③泡温泉时头发尽量不要泡在水里，也不要在水里洗毛巾，可以用来包住头发或者放在不被水浸到的石头上。
④在离开澡堂之前，用毛巾将身体擦干净。

第20課　白蛇伝

1. 彼女を喜ばせるために、バッグやらアクセサリーやらプレゼントした。
2. 何があっても決して泣くまいと決心した。
3. 今朝目が覚めたか覚めないかのうちに、友達が来てしまった。
4. お腹が空いてしょうがない。

第20課　白蛇伝

1. A：やっと金曜日ですね。明日から丸2日間休める。

   B：でも、わたし、週末は洗濯やら、家の掃除やらで、平日よりも忙しいのよ。

2. A：この問題は選択肢のBとDがよく似ていて、一体どれが正しいのやら、さっぱりわからない。

   B：分からない時は、ちゃんと教科書を見て考えなさい。

3. A：「舌の根も乾かぬうちに」ってどういう意味？

   B：ああ、それはよく使われる慣用句です。何かを言い終わるか終わらないかのうちに、前言に反したことを言ったりしたときに、非難して用いる表現なんです。

4. A：どうだった？　海外旅行は。

   B：最悪だったよ。現地に着いたか着かないかのうちに、パスポートを盗まれてしまって、大変だった。

5. 手痛い失敗経験はその後の行動に大きく影響します。そして「二度とこんなことは繰り返すまい」と思うのですが、そんな決意が報われるとは限らないのが、この世のままならないところです。

6. A：「健康に悪いから、もうタバコを吸うまい」と、父はそう言っておいて、一時間も経たないうちに、またベランダに出て吸っている。

   B：まあ、禁煙って、実行するのが難しいでしょう、何十年も吸い続けていたから。

7. A：そろそろ夏休みが終わるけど、また勉強かと思うと、気が重くてしょうがない。

   B：僕もそうだ。勉強が楽しくてしょうがないって言う人の気持ちなんか、さっぱりわからん。

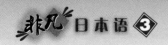

8. 職場で他人からの評価が気になって仕方がない。電車でも、通りを歩いているときでも、他人の目が気になってしょうがない。このような人は社会生活を営んでいくうちに、「誰かから認められたい」という感情を抱くようになる場合が多い。

白蛇伝

　昔、昔、岩国の今津というところに、平太という漁師が母親と暮らしていました。

　あるどんよりとした空模様の日のこと、平太は漁に出るのを躊躇っていましたが、

　「今日一日ぐらい大丈夫だろう」と、誘いに来た仲間と一緒に船を出しました。

　漁を始めると、面白いように魚がとれます。

　平太たちは、ぐんぐん沖へ向かってしまいました。

　やがて、近くの島で昼飯をすますと、仲間の一人が白蛇を見つけました。

　今までに見たこともない蛇なので、めずらしいやら、気味が悪いやら、仲間は手に木切れを持って、「逃がすまいぞ」と言って、いたずらを始めました。

　右に行けば左へ、左にいけば右へはねつけられ、白蛇はとうとう傷ついた体をまるめて、じっと動かなくなりました。

　その様子を見た平太はかわいそうになって、

　「おい、みんな、もうよさんかい。この白蛇は、この島の主かも知れんぞな」

　そういって、平太は恐れもなく白蛇を掴むと、草の茂みの中に逃がしてやりました。

　それからまた、平太たちは漁を始めることになりました。

第20課　白蛇伝

　ところが、そのころになると、空はすっかり雨雲に覆われ、風も強くなって、大変なしけ模様となりました。

　「あぶないぞっ」と、誰かがそう叫んだか叫ばないかのうちに、もう皆は海に放り出され、波にのまれてしまいました。

　それから、しばらくたって、平太がふっと気が付くと、さっき昼飯を食べた島の浜辺に打ち上げられていました。

　辺りを見回すと、嵐は止んでいて、空はからりと晴れ渡っています。

　「わしは助かったのじゃ」と、平太は喜びました。

　しかし、よくよく考えてみると、この島には誰も住んでおらず、帰る船も助けを呼ぶこともできません。

　思案にくれ、心細くて仕方ない平太はじっと岩に腰を下ろしていると。

　「平太さん、平太さん…」と呼ぶ声が聞こえます。

　「あ、さっきの白蛇じゃ」

　平太が振りかえってみると、白蛇は平太の前を通りすぎて、海の中へ入っていきました。

　すると、白蛇が通ったあとには、ざわざわと波が分かれて小道ができ、それはずーっと今津の浜まで向かっているのです。

　「これで今津に帰れるかもしれん」

　平太は、白蛇の後について、ずんずん歩き、とうとう今津まで帰り着くことができました。

　「ほんとうにわしは助かったぞ」

　ありがたいと思って、後ろを振りかえってみますと、通ってきた道は跡形もなく消えていました。

　平太は、白蛇をそっと懐に入れて家に帰り、大切に飼うことにしました。

　こうして、白蛇は今津に住みつき、平太は末長く幸せに暮らしたというこ

とです。

（「山口の伝説・生き物のお話シリーズ」による）

一、～やら

接续：
```
名
形－い      ＋やら
动－基本形
```

解说：该句式用于列举若干种事物或状况，后项多是伴随说话人不满或者不愉快的情绪，意思上相当于汉语中的"又是……啦，又是……啦"。

例
▶ 子どもの結婚式は嬉しいやら悲しいやらで複雑な気持ちだった。
（孩子的结婚典礼既开心又难过，心情很复杂。）
▶ レポートやら、試験やら、考えるだけで頭が痛くなる。
（又是报告书，又是考试，光想想就头痛。）
▶ 昨日は電車で財布を落とすやら、傘を忘れるやらで、大変だった。
（昨天在电车上又是丢钱包，又是落下伞，真够受的。）
▶ 彼女を喜ばせるために、バッグやらアクセサリーやらプレゼントした。
（为了让她高兴，又是包，又是首饰，送了一大堆。）

另：用"～のやら、～のやら"的形式，表示说话人对前项状态无法把握、难以判断，表达说话人对话题涉及人物的怀疑或不满，后项接续多为"わからない"，有时也可以省略。

第 20 課　白蛇伝

例
▶ この絵の人の表情はおかしいですね。泣いているのやら、笑っているのやら、さっぱり分かりません。

（这幅画上的人表情很奇怪。到底是在哭还是在笑，完全搞不懂。）

▶ 太郎は三日坊主(みっかぼうず)で中国語を勉強するなんて、いつまで続くのやら。

（太郎学汉语是三天打鱼两天晒网，不知道会持续到什么时候。）

▶ 息子に結婚する気(き)があるのやらないのやら、まったく分からない。

（儿子有没有结婚的意思，我根本搞不清。）

▶ 行きたいのやら、行きたくないのやら、あの人の気持ちはどうもわからない。

（一会儿想去一会儿又不想去，实在不明白他的心思。）

二、～まい

接续：　动　+ まい

关于"まい"的接续方法：

1. 五段动词 – 基本形 +「まい」

例 行く→行くまい

2. 一段动词 – 基本形 / 去词尾「る」+「まい」

例 食べる→食べるまい / 食べまい

3. ～する – ～するまい / ～すまい

例 勉強する→勉強するまい / 勉強すまい

4. 来る – 来るまい / 来まい

另外，动词也可以用"～ます"后接"まい"。

例 行きますまい / 食べますまい

解说："～まい"是较为生硬的书面语，在表达上有以下两种含义。

1. 表示强烈的意志否定，相当于汉语中的"不打算……""决不……"。

- こんなまずい店には二度と来るまい。

  （这样难吃的店决不会再来第二次。）

- 何があっても決して泣くまいと決心した。

  （下定决心不管发生什么都不哭。）

- あいつと大喧嘩（おおげんか）をした。もう二度と会うまい。

  （和他大吵了一架，再也不想见他第二面了。）

- 二日酔（ふつかよ）いの間はもう二度と飲みすぎまいと心（ちか）に誓う。

  （宿醉的时候内心发誓再也不喝多了。）

2. 表示否定性推断，接近口语中"～ないだろう"，相当于汉语中的"该不会……吧"。

- この悲しさは人には分かるまい。

  （这种悲伤别人是无法明白的吧。）

- 誰も信じてくれるまいと思って、今までも黙っていた。

  （想着谁也不相信我，一直沉默至今。）

- 税金（ぜいきん）を減らすのに反対する人はいるまい。

  （对于减税应该不会有人反对吧。）

- 自分の目で見ない限り、そんな恐（おそ）ろしいことは誰も信じまい。

  （要不是自己亲眼所见，那样恐怖的事情谁都不会相信的吧。）

三、～かのうちに

接续：　动－基本形／た形　＋か　动－ない形　＋かのうちに

解说：该句式前后使用同一动词的两种形式，表示该事件或行为与句中后项的事件或行为几乎同时发生，多用于强调前后项时间上联系之紧密，往往带有紧迫之感，意思上相当于汉语中的"刚一……""还没……就……"。

例

▶ 夕食に手をつけるかつけないかのうちに、電話で呼び出された。

（晚饭还没吃到嘴里呢，就被人用电话叫了出来。）

▶ 今朝目が覚めたか覚めないかのうちに、友達が来てしまった。

（早上刚醒，朋友就来了。）

▶ 空が暗くなったかならないかのうちに、雨が降ってきた。

（天刚一黑，就开始下雨了。）

▶ 主人はいつもご飯を食べ終わるか終わらないかのうちに、ゲームを始める。

（丈夫总是刚放下碗就开始打游戏。）

四、～しかたがない / ～しょうがない

接续：
| 形-くて |
| 形动-で | + しかたがない / しょうがない
| 动-て形 |

解说：该语法用来表示某种情感或感受的强烈，达到了"情不自禁"的程度，意思上接近汉语中的"……得不得了"，其中"しょうがない"是"しかたがない"的口语化表达，语气比较随意。

例

▶ お腹が空いてしょうがない。（肚子饿得不得了。）

▶ 部屋の中は暑くてしょうがない。（房间里面热得不得了。）

▶ 彼女に会いたくてしかたがない。（想见她想得不得了。）

▶ 今日は何もすることがなくて、ひまでしょうがない。

（今天什么都没做，闲得不得了。）

注意："しょうがない"与"しかたがない"本身作为独立词汇，意思是"没有办法"，因此，当某种事态让说话人感到困惑或是焦躁，也经常使用其本意，在使用过程中需要与上面的用法加以区分。

▶ 彼は怠(なま)け者(もの)でしかたがないやつだ。

（他是个懒得不得了的家伙。）

▶ あんなバカでは、しかたがない。

（那样的笨蛋，真是拿他没办法。）

▶ 彼の発言はほかに解釈(かいしゃく)のしようがない。

（他的发言，除此之外无法做出其他解释。）

▶ 君がそう言うのなら、しかたがない。

（如果你这么说的话，那也没有办法。）

一、分からん

"ん"由否定助动词"ぬ"变化而来，表示否定，是一种口语中非正式的随意表达，应避免在正式场合使用。

| 知らない | → | 知らん |
| 分からない | → | 分からん |

すまない	→	すまん
できない	→	できん
言わない	→	言わん

二、疑问助词"～かい"和"～だい"

日语中除疑问助词"か"外，在关系较为亲密的人之间或是上级对下属、长辈对晚辈的关系中，还可以使用较为随意的疑问助词"だい"和"かい"，且一般使用者多为男性。

其中，"かい"既可以接一般问句的简体句，也可以接特殊问句的简体句，一般以动词、形容词普通体＋かい（或＋のかい），名词/形容动词词干＋かい（或＋なのかい）的形式使用。

例

▶ 明日は休みかい。/明日は休みなのかい。（明天休息吗？）

▶ 明日は暇かい。/明日は暇なのかい。（明天放假吗？）

▶ いつ帰るかい。/いつ帰るのかい。（什么时候回去呢？）

▶ それ、安いかい。/それ、安いのかい。（那个便宜吗？）

"だい"只接在特殊问句的简体句之后，一般以疑问词＋だい（或疑问词＋～んだい）的形式使用。

例

▶ 勉強はどうだい。（学习怎么样？）

▶ この人は誰だい。（这个人是谁？）

▶ どこが痛いんだい。（哪里疼？）

一、请给下列画线词选择正确的读音或汉字。

1. 長年にわたった彼の研究はとうとう報われなかった。
   ①むくわれ　②つかわれ　③うばわれ　④すくわれ

2. 今朝、目が覚めたら、もう11時だった。
   ①ふかめた　②さめた　③とめた　④しめた

3. 会場では嵐のような拍手(はくしゅ)が起きた。
   ①つゆ　②ゆき　③あらし　④なだれ

4. 同じ過ちを繰り返してはだめだ。
   ①あやまち　②いのち　③かたち　④かち

5. 消費者が安全で豊かな消費生活を営むことのできる社会を作りたい。
   ①つつむ　②たのむ　③ゆるむ　④いとなむ

二、请选择合适的句型。

1. 明日は雨が＿＿＿＿と思うが、降ったら出かけません。
   ①降りまい　②降れまい　③降らまい　④降るまい

2. もう二度とこの店には来る＿＿＿＿。
   ①しょうがない　②にかぎる　③まま　④まい

3. 日本へ留学に来たばかりなので、不安＿＿＿＿。
   ①まいか　②一方だ　③とは限らない　④でしょうがない

4. 地下鉄に入ったか入らないかの＿＿＿＿、ドアが閉まってしまった。
   ①間に　②ままに　③うちに　④最中に

5. 風を引く＿＿＿＿下痢(げり)をする＿＿＿＿さんざんな一日だ。

　　①やら　やら　　②から　まで　　③から　にかけて　　④か　か

三、请给下文的★处选择最合适的选项。

1. 大学を卒業し＿＿＿＿　＿★＿　＿＿＿＿　＿＿＿＿、というものではない。

　　①一人前に　　　②すれば　　　③なる　　　④さえ

2. 講義が＿＿★＿　＿＿＿＿　＿＿＿＿　＿＿＿＿、ノートや教科書を片付け始める学生がいる。

　　①終わらないか　②うちに　　③終わるか　　④の

3. 仕事中、＿＿★＿　＿＿＿＿　＿＿＿＿　＿＿＿＿、濃いお茶がお勧めだ。

　　①は　　　　　②時　　　　③しょうがない　　④眠くて

四、将下列汉语翻译成日语。

1. 回国前又是买东西，又是收拾行李，忙死了。

2. 那么复杂的问题，不是那么简单就能解决。

3. 就算邀请我去，我也不去。

4. 刚一进教室，铃就响了。

5. 肚子饿得受不了。

新单词

白蛇伝（はくじゃでん）④	名	白蛇传
けっしん（決心）①	名；自动サ	决心，决意
まる（丸）⓪	名	球形，圆形；整个，完全
選択肢（せんたくし）③④	名	选项
舌（した）②	名	舌头；话，说话
根（ね）①	名	根；根底；根源
慣用句（かんようく）③	名	惯用语
前言（ぜんげん）③⓪	名	前言；前人说过的话
非難（ひなん）①	名；他动サ	非难，责备；责难，谴责
用いる（もちいる）③⓪	他动一	用，使用；运用
現地（げんち）①	名	现场；此地
手痛い（ていたい）③	形	严重，厉害
決意（けつい）①	名；自他动サ	坚定自己的想法，决心
報う（むくう）⓪②	自他动五	报应，补偿，报答
ままならない④	连语	不自由，不如意
ベランダ⓪	名	阳台，露台
通り（とおり）③	名	大街，马路
抱く（いだく）②	他动五	怀有，抱有
漁師（りょうし）①	名	渔夫
母親（ははおや）⓪	名	母亲
空模様（そらもよう）③	名	天气，天空的样子
躊躇う（ためらう）③	自他动五	踌躇不前，犹豫，迟疑

第 20 課　白蛇伝

ぐんぐん①	副	猛地，使劲地
沖（おき）⓪	名	海上，洋面，湖心
昼飯（ひるめし）⓪	名	午饭，中饭
蛇（へび）①	名	蛇
木切れ（きぎれ）⓪③	名	木片，木块
逃がす（のがす）②	他动五	错过，漏掉
傷つく（きずつく）③	自动五	负伤，受伤
丸める（まるめる）⓪④	他动一	弄圆，拉拢
主（ぬし）①	名	主人；物主，所有者
茂み（しげみ）⓪③	名	草丛，树丛
雨雲（あまぐも）⓪	名	雨云，积雨云
しけ模様（しけもよう）③⓪	名	波涛汹涌的样子
放り出す（ほうりだす）④	他动五	扔出，抛出，放弃
波（なみ）②	名	波浪，波
ふっと③①	副	忽然，猛地，噗地（吹口气）
打ち上げる（うちあげる）④⓪	他动一	发射，冲上岸
見回す（みまわす）⓪③	他动五	环视
嵐（あらし）①	名	暴风雨；纠纷，困难
思案（しあん）①	名；自他动サ	思量，考虑，打主意
じっと⓪	副、サ	一动不动，安静地，专心地
腰を下ろす（こしをおろす）⓪＋②	惯用句	坐下
振り返る（ふりかえる）③	他动五	回头看，向后看，回顾
ざわざわ①	副；自动サ	人声嘈杂，喧闹；沙沙响
小道（こみち）⓪①	名	小道，窄道

ずっと⓪	副	一直
浜（はま）②	名	海滨，湖滨
ずんずん①	副	迅速地，快捷地，嗖嗖地
とうとう①⓪	副	终于
わし⓪	名	我，俺（用于老年男性自称）
跡形（あとかた）⓪	名	行迹，痕迹
そっと⓪	副	静悄悄地，小心翼翼地
末長く（すえながく）④	副	长久，永久
三日坊主（みっかぼうず）④	惯用句	三天打鱼两天晒网的人，没常性的人
大喧嘩（おおげんか）③	名	大吵了一架
二日酔い（ふつかよい）⓪	名；自动サ	宿醉，醉到第二天
誓う（ちかう）⓪②	他动五	发誓，宣誓
税金（ぜいきん）⓪	名	税款
怠け者（なまけもの）⓪⑤	名	懒汉，懒惰的人
解釈（かいしゃく）①	名；他动サ	解释
拍手（はくしゅ）①	名；自动サ	拍手
過ち（あやまち）③⓪	名	失败，过失
下痢（げり）⓪	名；自动サ	腹泻
心細い（こころぼそい）⑤	形	心中不安的，心里没底
恐ろしい（おそろしい）④	形	恐怖的，吓人的；可怕

忍耐精神和款待之心

很多外国媒体在形容日本人时最常用的一个词就是日语的「我慢」（忍耐）。「我慢」这个词最初源于佛教。

外国人所惊诧的日本人的"忍耐"已经浸透到了日本人的骨子里，并且日本这个民族对这个词的理解是"美丽的精神"。比如，大地震中不得已在避难所生活的人们面对悲观的现实以极其有耐性的态度坚持忍耐着。即便非常饿，也会优先将食物和水分给孩子和老人，人们井然有序地耐心地排着长队等待。

对日本人来说，"忍耐"这种美丽的精神自小开始就被灌输，不知不觉中已经成了生活的一部分，故而即便是在世人惊诧的大地震时，其谦让忍耐的表现也不过是非常自然的日常展现而已。

另一个常见的词就是「もてなし」（款待）。

日本人的潜意识中，比起自己，更加重视对对方的款待——这是日本固有的文化，同样根深蒂固地存在于日本人的日常生活之中。例如，"您辛苦了"这句话不仅仅只是一句慰劳的话语，更体现了换位思考、设身处地为他人着想的文化内涵。

「もてなし」是日本固有的文化，其他国家找不到与之对应的语言表达也是无可厚非之事。

附录（词汇表）

あ

あんてい（安定）⓪【1】
あくまで　①②【1】
あたりまえ（当たり前）⓪【1】
あめかぜ（雨風）①【1】
アジア①【1】
あほう（阿呆）②【2】
アルコール⓪【2】
あばれる（暴れる）⓪【2】
あたえる（与える）⓪④【3】
あんじ（暗示）⓪【3】
あかじ（赤字）⓪【3】
あらそう（争う）③【4】
あらわす（表す）③【4】
あそびごころ（遊び心）④【4】
あな（穴）②【5】
あつくるしい（暑苦しい）⑤【5】
あっとうてき（圧倒的）⓪【5】
あこがれる（憧れる）⓪【6】
あっというま（あっという間）⓪【7】
あかんぼう（赤ん坊）⓪【7】
アクセント①【8】
あちこち②③【9】
あてはまる（当てはまる）④【9】
あらためて（改めて）③【10】
あぶらをうる（油を売る）【11】
あと（跡）①【11】
あしあと（足跡）③【11】
アップ①【12】
あらゆる③【13】
あやしい（怪しい）⓪③【13】
あたる（当たる）⓪【13】
アイテム①【13】
あおる（煽る）②【14】
あとおし（後押し）②【14】
あける（明ける）⓪【15】
あまやどり（雨宿り）③【15】
アスファルト③【15】
アプローチ③【16】
あやつる（操る）③【16】

附录（词汇表）

あきる（飽きる）②【16】
ありふれる（有り触れる）④【17】
あせみず（汗水）⓪【17】
あれこれ②【18】
あとあと（後々）⓪【18】
あきち（空き地）⓪【19】
あまぐも（雨雲）⓪【20】
あらし（嵐）①【20】
あとかた（跡形）⓪【20】
あやまち（過ち）③⓪【20】

い

インターネット⑤【2】
いちがい（一概）⓪②【3】
いかに②【3】
いきがい（生き甲斐）⓪③【3】
いぜん（依然）⓪【4】
いちおう（一応）⓪【5】
いじょう（異常）⓪【5】
いらい（依頼）⓪【7】
イントネーション④【8】
イメージ②①【9】
いいかえる（言い換える）③④【9】
いちぶ（一部）②【9】
いちめん（一面）⓪②【10】
イケメン⓪【10】

いえで（家出）⓪【10】
いちじき（一時期）③【11】
いんしゅ（飲酒）⓪【11】
いまだに（未だに）⓪【11】
いっけん（一見）⓪【12】
いちれん（一連）⓪【12】
いじ（維持）①【13】
いちがいに（一概に）⓪②【13】
いっきいちゆう（一喜一憂）①【13】
いしき（意識）①【13】
いがく（医学）①【14】
いってい（一定）⓪【14】
いごこち（居心地）⓪【14】
いやす（癒す）②【14】
いちどう（一同）②③【14】
いどう（移動）⓪【14】
いちざ（一座）②【15】
いわかん（違和感）②【15】
いへん（異変）⓪【15】
いじりまわす（弄り回す）⑤【15】
いどう（異動）⓪【15】
いじゅう（移住）⓪【16】
いろあせる（色あせる）④【16】
いっしん（一新）⓪【16】
いね（稲）①【17】

293

いとなむ（営む）③【17】

いかり（怒り）③【17】

いちどく（一読）⓪【18】

いくじ（育児）①【18】

いっぱんろん（一般論）③【18】

いっかつ（一括）⓪【18】

いっしゅん（一瞬）⓪【19】

いだく（抱く）②【20】

う

うつりかわり（移り変わり）⓪【1】

うそつき（嘘つき）②【1】

うむ（産む）⓪【3】

うしなう（失う）⓪【4】

うなずく（頷く）⓪③【4】

うめる（埋める）⓪【4】

うつる（映る）②【5】

うく（浮く）⓪【5】

うちき（内気）⓪【5】

うつびょう（うつ病）⓪【5】

うけつぐ（受け継ぐ）③⓪【6】

うつわ（器）⓪【6】

うねる②【6】

うらぎる（裏切る）③【6】

うつす（移す）②【7】

うけとめる（受け止める）④⓪【10】

うらむ（恨む）②【10】

うけいれる（受け入れる）⓪④【12】

うんざり③【12】

うらおもて（裏表）⓪【13】

うたごえ（歌声）⓪③【13】

うら（裏）②【13】

うかぶ（浮かぶ）⓪【15】

うんめい（運命）①【15】

うばう（奪う）②【17】

うまれつき（生まれつき）⓪【17】

うつ（鬱）①【18】

うむ（有無）①【19】

うちあげる（打ち上げる）④⓪【20】

え

えいかいわ（英会話）③【1】

えいえん（永遠）⓪【2】

エネルギー②③【4】

えんかつ（円滑）⓪【10】

えんだか（円高）⓪【11】

えんまん（円満）⓪【11】

エピソード①③【16】

えんそう（演奏）⓪【16】

えんき（延期）⓪【18】

お

おさない（幼い）③【1】

おでこ②【2】

おおあめ（大雨）③【2】

おそらく②【3】

おい（老い）⓪②【3】

おいる（老いる）②【3】

おおわらい（大笑い）③【4】

おもいだす（思い出す）④⓪【4】

おしゃれ（お洒落）②【4】

おおごえ（大声）③【4】

おじょうさん（お嬢さん）②【5】

オフィス①【5】

おうこく（王国）⓪【5】

おかす（犯す）②⓪【5】

おおうなばら（大海原）④③【6】

おやじ（親父）⓪①【7】

おんせつ（音節）⓪【8】

おもに（主に）①【8】

おうじる（応じる）⓪③【9】

おおやけ（公）⓪【9】

おゆ（湯）⓪【10】

おてら（お寺）⓪【10】

おもいで（思い出）⓪【11】

おもいがけない（思いがけない）⑥⑤【11】

おさえる（押さえる）②③【12】

おおざっぱ（大雑把）③【13】

おちいる（陥る）③⓪【13】

おうきゅうしょち（応急処置）⑤【13】

および（及び）①⓪【14】

おおつぶ（大粒）③④【15】

おそいかかる（襲い掛かる）⑤【15】

おかん（悪寒）⓪【15】

おもいこむ（思い込む）④⓪【15】

おおくぼ（大久保）⓪③【16】

おうふう（欧風）⓪【16】

おさえ（抑え）③【18】

おえる（終える）⓪【18】

おおたけさん（大嶽山）⑤【19】

おおう（覆う）⓪②【19】

おき（沖）⓪【20】

おおけんか（大喧嘩）③【20】

おそろしい（恐ろしい）④【20】

か

かれこれ①【1】

かんせい（感性）①【1】

かかえる（抱える）⓪【1】

かんかく（感覚）⓪【1】

がくしゃ（学者）⓪【1】

かち（価値）①【1】

かのう（可能）⓪【2】

かこむ（囲む）⓪【2】

かいすいよく（海水浴）③【2】

かえる（替える）⓪【2】

かくれる（隠れる）③【2】

かせん（河川）①【3】

かんてん（観点）①③【3】

かんりょう（完了）⓪【3】

かんぱい（乾杯）⓪【3】

かいしゃく（解釈）①【4】

からっぽ（空っぽ）⓪【4】

かんぺき（完璧）⓪【4】

かぎる（限る）②【5】

かならずしも（必ずしも）④【5】

かんじょう（感情）⓪【5】

かわいそう（可哀相）④【5】

かずかず（数々）①【5】

かかる②【5】

かぞえる（数える）③【6】

かなえる（叶える）③【6】

かちかん（価値観）②③【6】

かいけつさく（解決策）③④【6】

かいすう（回数）③【7】

かたがき（肩書き）⓪【7】

がん（癌）①【7】

かいふく（回復）⓪【8】

がくじゅつ（学術）⓪②【8】

かたがた（方々）②【8】

がくしゃ（学者）⓪【8】

ガラガラ⓪①【8】

かいじょう（会場）⓪【8】

かくじつ（確実）⓪【8】

かけい（家計）⓪【9】

かんしん（関心）⓪【9】

かず（数）①【9】

かいぜん（改善）⓪【9】

かいつう（開通）⓪【9】

かたまり（塊）⓪【10】

ガイドブック④【10】

かこ（過去）①【11】

かいぎ（懐疑）①【12】

かんそう（乾燥）⓪【12】

かがく（科学）①【12】

かいしゅう（回収）⓪【13】

がくもん（学問）②【13】

かんコーヒー（缶コーヒー）⑤【13】

からむ（絡む）②【13】

がい（害）①【13】

かいすいめん（海水面）③【13】

かんじ（感じ）⓪【13】

かんそう（感想）⓪【14】

附録（詞汇表）

かくい（各位）①【14】

かずおおく（数多く）①③【15】

がらがら⓪④【15】

がいかん（外観）⓪【16】

かかげる（掲げる）⓪③【16】

かすか（微か）①【16】

からみ（辛味）⓪③【16】

かんのう（堪能）⓪①【16】

かおつき（顔つき）⓪【16】

かりとり（刈り取り）⓪【17】

かしこい（賢い）③【17】

かつよう（活用）⓪【17】

カプセル⓪【18】

かき（夏季）①【18】

かんさい（関西）①【18】

かりいれ（借り入れ）⓪【18】

かさい（火災）⓪【19】

がいしけい（外資系）⓪【19】

かざんばい（火山灰）②【19】

かこく（過酷）⓪【19】

かんすい（完遂）⓪【19】

かくご（覚悟）①②【19】

かんようく（慣用句）③【20】

かいしゃく（解釈）①【20】

き

きょうどう（共同）⓪【1】

きこう（気候）⓪【1】

きょうぼう（凶暴）⓪【2】

きゅうげき（急激）⓪【3】

きょうふ（恐怖）⓪①【3】

きんねん（近年）①【3】

きほん（基本）⓪【4】

きそ（基礎）①②【4】

きよう（器用）①【4】

きづく（気付く）②【4】

きく（効く）⓪【5】

きょうちょうせい（協調性）⓪【5】

きげん（機嫌）⓪【5】

ぎろん（議論）①【6】

きざし（兆し）⓪【8】

ききとり（聞き取り）⓪【8】

ぎせいご（擬声語）⓪【8】

ぎたいご（擬態語）⓪【8】

きょうつう（共通）⓪【8】

きょり（距離）①【9】

きょくたん（極端）③【9】

きずく（築く）②【10】

きずな（絆）⓪【10】

ぎじゅつ（技術）①【10】

297

きんむ（勤務）①【11】

きんがく（金額）⓪【11】

きふ（寄付）①【11】

きょうゆう（共有）⓪【11】

きふきん（寄付金）⓪②【11】

ぎゃくてんまけ（逆転負け）⓪【12】

きょうがく（驚愕）⓪【12】

きじゅん（基準）⓪【12】

きょうかん（共感）⓪【13】

きょうい（脅威）①【14】

きそいあう（競い合う）④【14】

きねんび（記念日）②【15】

きち（既知）①②【15】

きしょう（気性）⓪【17】

きょうどう（共同）⓪【17】

きんりん（近隣）⓪【18】

きゅうしょくひ（給食費）④【18】

きこう（機構）⓪【18】

キロ①【18】

きゅうこう（急行）⓪【19】

きどうきゅうじょたい（機動救助隊）⓪【19】

きゅうしゅん（急峻）⓪【19】

きりょく（気力）⓪①【19】

きずきあげる（築き上げる）⑤【19】

きぎれ（木切れ）⓪③【20】

きずつく（傷つく）③【20】

く

ぐたいてき（具体的）⓪【1】

ぐあい（具合）⓪【1】

くだる（下る）⓪【2】

くしゃみ②【2】

くれぐれも③②【4】

くせ（癖）②【5】

くりひろげる（繰り広げる）【6】

くべつ（区別）①【8】

くみあわせる（組み合わせる）⑤【8】

ぐち（愚痴）⓪【10】

クレーム⓪②【13】

くうかん（空間）⓪【14】

くさ（草）②【14】

くび（首）⓪【15】

くう（食う）①【15】

くちぶり（口ぶり）⓪【16】

くふう（工夫）⓪【17】

くみたてる（組み立てる）⓪④【17】

くんれん（訓練）①【19】

ぐんぐん①【20】

け

げんざい（現在）①【1】

附录（词汇表）

けんがく（見学）⓪【1】
げし（夏至）⓪②【3】
げんしょう（減少）⓪【3】
げんだい（現代）①【3】
けんり（権利）①【3】
けっして（決して）⓪【4】
けっさく（傑作）⓪【5】
けんそん（謙遜）⓪【5】
けんきょ（謙虚）①【5】
けいこう（傾向）⓪【5】
けつろん（結論）⓪【6】
げんじつ（現実）⓪【6】
げんきん（現金）③【7】
けいやくしょ（契約書）⓪⑤【8】
けんせつ（建設）⓪【9】
けんとう（検討）⓪【9】
けいご（敬語）⓪【9】
ゲーム①【9】
けわしい（険しい）③【10】
けん（軒）①【12】
けんしょう（検証）⓪【12】
けつえきがたうらない（血液型占い）【13】
けんかい（見解）⓪【13】
けんぶん（見聞）⓪【13】

けっかん（欠陥）⓪【13】
けいい（敬意）①【14】
けんちくぶつ（建築物）④【15】
げきつう（激痛）⓪【15】
げんしょう（現象）⓪【15】
げんじつみ（現実味）⓪④【15】
けってい（決定）⓪【18】
けいさん（計算）⓪【18】
けんちょ（顕著）①【19】
けいか（経過）⓪【19】
げんかい（限界）⓪【19】
けいさつかん（警察官）③④【19】
けいしょう（継承）⓪【19】
けっしん（決心）①【20】
げんち（現地）①【20】
けつい（決意）①【20】
げり（下痢）⓪【20】

こ

こうふくかん（幸福感）⑤【1】
こうじょう（向上）⓪【3】
コミュニケーション④【3】
こうぎょうちたい（工業地帯）⑤⑥【3】
こうれいか（高齢化）⓪【3】
こうせい（構成）⓪【3】

299

こっか（国家）①【3】
ゴルフ（golf）①【4】
こいし（小石）⓪【4】
こばん（小判）①【4】
ことがら（事柄）⓪【4】
コーヒー③【4】
こせい（個性）①【5】
こころがける（心掛ける）⑤【5】
こじん（個人）①【5】
ことなる（異なる）③【5】
こうこく（広告）⓪【6】
こうぎょうだんち（工業団地）⑤【7】
こける②【7】
ごぞく（語族）①【8】
こくない（国内）②【8】
ごい（語彙）①【9】
ここらへん⓪【11】
こうしん（更新）⓪【11】
こうにゅう（購入）⓪【11】
ごがく（語学）①⓪【11】
こうかん（交換）⓪【11】
こんなん（困難）①【11】
ごう（号）【12】
こうけん（貢献）⓪【12】
こうほう（広報）①⓪【12】

こくせき（国籍）⓪【12】
こんきょ（根拠）①【13】
ごうかい（豪快）⓪【13】
こだわる（拘る）③【13】
こえる（超える）⓪【13】
ごうか（豪華）①【13】
こうはん（後半）⓪【14】
こくりょく（国力）②【14】
こうせんてき（好戦的）⓪【14】
こわばる（強張る）③【15】
ころす（殺す）⓪【15】
こうがい（公害）⓪【16】
こりつ（孤立）⓪【17】
こころよい（快い）④【17】
コントロール④【17】
ごうけい（合計）⓪【18】
こつこつ①【18】
こうりつ（公立）⓪【18】
こんざつ（混雑）①【18】
ころがる（転がる）⓪【19】
こうう（降雨）①【19】
こけ（苔）②【19】
こしをおろす（腰を下ろす）⓪＋②【20】
こみち（小道）⓪①【20】

こころぼそい（心細い）⑤【20】

さ

さいぜんせん（最前線）③【1】
さいてい（最低）⓪【2】
さいあく（最悪）⓪【2】
さいこう（最高）⓪【2】
さいしゅうてき（最終的）⓪【3】
さける（避ける）②【3】
ざんこく（残酷）⓪【3】
さいげつ（歳月）①【4】
さっか（作家）⓪【5】
さまざま（様々）②【6】
ざいさん（財産）①⓪【6】
さぎょう（作業）①【8】
さんぎょう（産業）⓪【9】
さかん（盛ん）⓪【9】
さっする（察する）⓪③【9】
さめる（冷める）②【10】
ささい（些細）①【10】
さんかしゃ（参加者）③【11】
ささえ（支え）⓪③【11】
さんざん（散々）③⓪【11】
ざっきん（雑菌）⓪【12】
さいよう（採用）⓪【13】
さきみだれる（咲き乱れる）⑤【14】

さらなる（更なる）①【14】
さべつ（差別）①【15】
ざせき（座席）⓪【15】
さいきょう（最強）⓪【16】
さきがける（先駆ける）④【17】
さまたげる（妨げる）④【19】
さんがくちたい（山岳地帯）⑤【19】
さらに（更に）①【19】
ざっそう（雑草）⓪【19】
ざわざわ①【20】

し

し（死）①【1】
じゅうじつかん（充実感）④【1】
じんせいかん（人生観）③【1】
じゅうにん（住人）⓪【1】
じゅうそく（充足）⓪【1】
しえん（支援）①⓪【1】
しょくたく（食卓）⓪【2】
ジャンプ①【2】
じさ（時差）①【2】
しゅうへん（周辺）⓪【3】
しょうしか（少子化）⓪【3】
しんこく（深刻）⓪【3】
しょとく（所得）⓪【3】
しゅうにゅう（収入）⓪【3】

ししゅつ（支出）⓪【3】
しんじつ（真実）①【3】
じさつ（自殺）⓪【3】
しょしん（初心）⓪【4】
じょうねつ（情熱）⓪【4】
しんだん（診断）⓪【4】
じょうひん（上品）③【5】
じぎゃく（自虐）⓪【5】
しふく（私服）⓪【5】
じょうきょう（状況）⓪【5】
じっし（実施）⓪【5】
しせい（姿勢）⓪【5】
しゃかいじん（社会人）②【5】
しゅじんこう（主人公）②【6】
しんねん（信念）①【6】
したがう（従う）⓪【6】
じき（次期）①【6】
しみん（市民）①【6】
じけん（事件）①【6】
しゅしょう（首相）⓪【6】
しょうひぜい（消費税）③【6】
しんちょう（慎重）⓪【7】
しんりん（森林）⓪【7】
しんらい（信頼）⓪【7】
しんがく（進学）⓪【8】

しゅっぴ（出費）⓪【8】
しんろ（進路）①【9】
じょうげ（上下）①【9】
じしん（自身）①【9】
じゅうでん（充電）⓪【10】
しんけん（真剣）⓪【10】
しょうたいじょう（招待状）⓪③【10】
じたい（自体）①【10】
しょうげき（衝撃）⓪【10】
しみじみ③【10】
しょうこ（証拠）⓪【10】
じじつ（事実）①【10】
しや（視野）①【10】
しゅじゅつ（手術）①【10】
しわざ（仕業）⓪【11】
じんみゃく（人脈）⓪【11】
しめす（示す）②【11】
しゅっきん（出勤）⓪【11】
じつりょくは（実力派）⓪【11】
じたい（事態）①【11】
じょうりく（上陸）⓪【12】
ししょうしゃ（死傷者）②【12】
しんとう（浸透）⓪【12】
じだいおくれ（時代遅れ）④【12】
しゃしんや（写真屋）⓪【12】

しつど（湿度）①②【12】

じょうけん（条件）③⓪【12】

しゅちょう（主張）⓪【12】

しんぴょうせい（信憑性）⓪【12】

じったい（実態）⓪【12】

しんぴ（神秘）①【12】

じつわ（実話）⓪【13】

しょぶん（処分）①【13】

しくちょうそん（市区町村）③【13】

しゅうしゅう（収集）⓪【13】

じぜん（事前）⓪【13】

じんこうちのう（人工知能）⑤【13】

しんらいど（信頼度）③【13】

シンプル①【13】

しんじこむ（信じ込む）④【13】

しま（島）②【13】

じゅうだい（重大）⓪【13】

しにせ（老舗）⓪【13】

しんらいど（信頼度）③【13】

しんぽ（進歩）①【14】

しょうエネルギー（省エネルギー）④【14】

じゅしょう（受賞）⓪【14】

しどう（指導）①⓪【14】

しょうもう（消耗）⓪【14】

してい（指定）⓪【14】

しゅっしょうりつ（出生率）③【14】

しげん（資源）①【14】

しゅうきょう（宗教）①【14】

しょくみんち（植民地）③【14】

してき（指摘）⓪【14】

しさつだん（視察団）④【14】

しょうすう（少数）③【14】

しゅだん（手段）①【14】

しまぐに（島国）②【15】

しずけさ（静けさ）③【15】

じき（時期）①【15】

しゅんかん（瞬間）⓪【15】

じめん（地面）①【15】

じげん（次元）⓪【15】

しゃない（車内）①【15】

じょうれん（常連）⓪【16】

じせい（時世）⓪①【16】

しんにゅうしゃいん（新入社員）⑥【16】

しんか（進化）①【17】

じゅつ（術）①②【17】

しゅうかく（収穫）⓪【17】

しゅつだい（出題）⓪【17】

じっこう（実行）⓪【17】

じつぶつ（実物）⓪【18】

しきん（資金）①②【18】
しょうがくきん（奨学金）⓪【18】
じたく（自宅）⓪【18】
じゅうきょひ（住居費）③【18】
しぼうこう（志望校）②【18】
しょうぼう（消防）⓪【19】
じえいたい（自衛隊）⓪【19】
しゅつどう（出動）⓪【19】
しめいかん（使命感）②【19】
しょくむ（職務）①【19】
した（舌）②【20】
しげみ（茂み）⓪③【20】
しけもよう（しけ模様）③【20】
しあん（思案）①【20】
じっと⓪【20】

す

すらすら①【1】
すきま（隙間）⓪【4】
すな（砂）⓪【4】
すいみん（睡眠）⓪【5】
スキャンダル②【6】
すきやき（すき焼き）⓪【10】
ステップ②【11】
ズラリ②③【12】
スポンサー⓪②【13】

すりこむ（刷り込む）③⓪【13】
すくなくとも（少なくとも）③【13】
すくう（救う）⓪③【13】
すいしん（推進）⓪【14】
ずぶぬれ（ずぶ濡れ）⓪【15】
ずじょう（頭上）⓪【15】
スタート②【18】
ずっと⓪【20】
ずんずん①【20】
すえながく（末長く）④【20】

せ

せんれん（洗練）⓪【1】
せっきん（接近）⓪【1】
せいかく（正確）⓪【3】
せきをする（咳をする）【5】
せんげん（宣言）③【6】
せいしん（精神）①【8】
ぜんこく（全国）①【8】
ぜんご（前後）①【8】
せいき（世紀）①【8】
せっする（接する）⓪③【9】
せいめいほけん（生命保険）⑤【10】
せいり（整理）①【11】
せけん（世間）①【12】
セールス①【13】

せいざ（星座）⓪【13】

せんせいじゅつ（占星術）③【13】

せいめい（姓名）①【13】

ぜんはん（前半）⓪【13】

せんりゃく（戦略）⓪【13】

ぜつめつ（絶滅）⓪【13】

せんきょ（選挙）①【13】

ぜんぱん（全般）⓪【14】

せいぞう（製造）⓪【14】

ぜんてい（前提）⓪【14】

せんしんこく（先進国）③【14】

ぜっきょう（絶叫）⓪【15】

ぜいたく（贅沢）③④【16】

せいじん（成人）⓪【16】

せいい（誠意）①【17】

せいしつ（性質）⓪【17】

せたい（世帯）①②【18】

せつやく（節約）⓪【18】

せいべつ（性別）⓪【19】

せんご（戦後）⓪①【19】

せおう（背負う）②【19】

せんたくし（選択肢）③④【20】

ぜんげん（前言）③⓪【20】

ぜいきん（税金）⓪【20】

そ

そぼく（素朴）⓪【1】

そだてる（育てる）③【1】

ぞうか（増加）⓪【3】

そそぐ（注ぐ）⓪②【4】

そうだい（壮大）⓪【6】

そうしき（葬式）⓪【7】

ぞくする（属する）③【8】

そだいごみ（粗大ゴミ）②【13】

そうてい（想定）⓪【13】

そうげん（草原）⓪【13】

ぞうげん（増減）⓪③【14】

そうふうこう（送風口）⓪③【15】

そうぐう（遭遇）⓪【16】

そっちょく（率直）⓪【18】

そこぢから（底力）③⓪【19】

そうさく（捜索）⓪【19】

そらもよう（空模様）③【20】

そっと⓪【20】

た

たっせいかん（達成感）③【1】

たてつづけ（立て続け）⓪【1】

たちどまる（立ち止まる）⓪④【1】

たんしんふにん（単身赴任）⑤【1】

だんとう（暖冬）⓪【1】

たおれこむ（倒れ込む）④【2】
だきつく（抱きつく）③【2】
たいきん（大金）⓪【2】
たいよう（太陽）①【3】
たよる（頼る）②【3】
たずねる（尋ねる）③【4】
たちとまる（立ち止まる）⓪【4】
だいきぎょう（大企業）③【5】
たいしょく（退職）⓪【5】
たいけん（体験）⓪【6】
たちあがる（立ち上がる）⓪④【7】
立ち直る（たちなおる）④⓪【7】
たまる（溜まる）⓪【8】
たいてい（大抵）⓪【8】
だんねん（断念）③【8】
たかまる（高まる）③【9】
たよる（頼る）②【9】
たもつ（保つ）②【9】
たんじゅん（単純）⓪【10】
たいくつ（退屈）⓪【10】
だいかんげい（大歓迎）③【11】
たちさりさい（立ち去り際）③【11】
たしゃ（他社）①【11】
たつ（絶つ）①【11】
だんたい（団体）⓪【11】

たいしょ（対処）①【11】
たよう（多様）⓪【12】
たかめる（高める）③【12】
ただよう（漂う）③【12】
だいたすう（大多数）④③【12】
たんてき（端的）⓪【12】
ダイレクト①③【12】
たっする（達する）⓪③【12】
たいりょう（大量）⓪【13】
だいしょうり（大勝利）③【13】
ただちに①【13】
たいしゃりょう（代謝量）③【14】
だいにじせかいたいせん（第二次世界大戦）①－④【14】
たすう（多数）②【14】
たちまち（忽ち）⓪【15】
たえる（耐える）②【15】
たんに（単に）①【15】
たからくじ（宝くじ）③【16】
だいく（大工）①【16】
たに（谷）②【17】
たうえ（田植え）③【17】
たらす（垂らす）②【17】
たたかい（戦い）⓪【18】
たいしょう（対象）⓪【18】

たんい（単位）①【18】

たまり（貯まり）⓪【18】

たいおうさく（対応策）③【18】

たんとうちょくにゅう（単刀直入）⓪【18】

たいいん（隊員）⓪【19】

ただちに（直ちに）①【19】

ためらう（躊躇う）③【20】

ち

ちゅうしょうてき（抽象的）⓪【1】

ちい（地位）①【3】

ちゅうしんち（中心地）③【3】

ちがい（違い）⓪【3】

ちゃくよう（着用）⓪【5】

ちょうじゅ（長寿）①【5】

ちょうしゅう（聴衆）⓪【6】

ちぢむ（縮む）⓪【7】

ちょうせんしん（挑戦心）③【7】

ちゅうし（中止）⓪【8】

ちあん（治安）⓪①【8】

ちかごろ（近頃）②【9】

ちょうかい（聴解）⓪【10】

ちょうせん（挑戦）⓪【11】

ちゅうとはんぱ（中途半端）④【11】

ちょうだ（長蛇）①【12】

チキンナゲット④【12】

ちょうり（調理）①【12】

ちなみに（因みに）⓪①【13】

ちめい（致命）⓪【13】

ちめいど（知名度）②【14】

ちせいがく（地政学）②【14】

ちじ（知事）①【14】

ちゅうごし（中腰）⓪【15】

ちょうわ（調和）⓪【16】

ちえ（知恵）②【17】

ちゅうこひん（中古品）⓪【17】

ちょちく（貯蓄）⓪【18】

ちょうじかん（長時間）③【18】

ちゅうや（昼夜）①【19】

ち（血）⓪【19】

ちかう（誓う）⓪②【20】

つ

つりかわ（吊革）⓪【1】

つかまるる（掴ま）⓪【1】

つくりあげる（作り上げる）⑤【3】

ついし（追試）⓪【3】

ついやす（費やす）③⓪【4】

つねに（常に）①【4】

つぐ（継ぐ）⓪【6】

つうねん（通念）⓪①【7】

つまずく（躓く）⓪【7】
つたわる（伝わる）⓪【8】
つながり（繋がり）⓪【11】
つつむ（包む）②【14】
つなみ（津波）⓪【14】
つながる（繋がる）⓪【14】
つる（攣る）⓪【15】
つる（吊る）⓪【15】
つめ（爪）⓪【15】
ついか（追加）⓪【16】
つち（土）②【17】
つちぼこり（土ぼこり）③【17】
つみ（罪）①【19】

て
てすり（手摺り）③【1】
てにいれる（手に入れる）①+⓪【1】
でんえんふうけい（田園風景）⑤【1】
てあそび（手遊び）②【2】
ていれい（定例）⓪【4】
てつがく（哲学）⓪②【4】
ディナー①【4】
デリケート③【8】
ていめい（低迷）⓪【8】
てんさい（天才）⓪【8】
てじゅん（手順）⓪①【9】

できごと（出来事）⓪②【10】
テーマ①【10】
てごろ（手頃）⓪【11】
て（手）①【11】
てつどう（鉄道）⓪【12】
てがる（手軽）⓪【12】
てってい（徹底）⓪【12】
てんぽ（店舗）①【12】
てんかい（展開）⓪【12】
てそう（手相）②【13】
ておくれ（手遅れ）②【13】
ていじ（提示）⓪①【14】
ていか（低下）⓪【14】
ていこくしゅぎ（帝国主義）⑤【14】
てんめい（店名）⓪【16】
ていばん（定番）⓪【16】
ていよさん（低予算）③【17】
ていしょう（提唱）⓪【19】
ていたい（手痛い）③【20】

と
どうどう（堂々）③⓪【1】
としん（都心）⓪【1】
とがめる（咎める）③【1】
トラブル②【2】
ドリル①②【2】

とざす（閉ざす）②⓪【3】
とうちゃく（到着）⓪【4】
どうひょう（道標）⓪【4】
とらえる（捕らえる）③【5】
とくゆう（特有）⓪【5】
どく（毒）②【5】
とどまる（留まる）③【6】
トルコ①【8】
どうおんいぎご（同音異義語）⑥【8】
とうじ（当時）①【8】
ともに（共に）⓪【9】
とうけい（統計）⓪【11】
としでんせつ（都市伝説）③【12】
とじる（閉じる）②【12】
とびでる（飛び出る）③【12】
とりあげ（取り上げ）⓪【13】
どくじ（独自）①⓪【13】
とける（解ける）②【13】
トランプ②【13】
とうぜん（当然）⓪【13】
とうしょ（当初）①【14】
とうじ（当時）①【14】
とおりすぎる（通り過ぎる）⑤【15】
どろ（泥）②【15】
とびだす（飛び出す）③【15】

とける（溶ける）②【15】
トッピング⓪【16】
どしゃくずれ（土砂崩れ）③【17】
どうか①【18】
とうし（投資）⓪①【18】
とりきめ（取り決め）⓪【18】
とうざい（東西）①【19】
どくりつ（独立）⓪【19】
とおり（通り）③【20】
とうとう①⓪【20】

な

なごむ（和む）②【1】
なにげない（何気ない）④【1】
なさけない（情けない）④【2】
ならべる（並べる）⓪【4】
なくてななくせ（無くて七癖）①＋③【5】
ないしょ（内緒）⓪③【6】
なかま（仲間）③【6】
なまり（訛り）⓪③【8】
ながめ（眺め）③【9】
なりたつ（成り立つ）③⓪【10】
なおる（治る）②【10】
なにかと（何かと）⓪④【12】
ながもち（長持ち）③④⓪【12】

309

なるべく（成るべく）③⓪【12】
なおさら⓪【12】
なす（成す）①【13】
ないめん（内面）⓪③【13】
なぞ（謎）⓪【13】
なごやか（和やか）②【15】
なづけ（名づけ）⓪③【15】
なづける（名づける）③【15】
なつかしむ（懐かしむ）④【15】
ながめ（眺め）③【15】
なのる（名乗る）②【15】
なみもり（並盛り）⓪【16】
なじみ（馴染み）⓪③【16】
ないそう（内装）⓪【16】
ないじゅ（内需）①【19】
なみ（波）②【20】
なまけもの（怠け者）⓪⑤【20】

に

にくむ（憎む）②【2】
にんずう（人数）①【3】
ニッコリ③【8】
にじゅうじんかく（二重人格）④【13】
にじさいがい（二次災害）③【17】
にぎる（握る）⓪【17】
にちじ（日時）①【18】

にぎわう（賑わう）③【19】
にんむ（任務）①【19】

ぬ

ぬかるみ（泥濘）⓪【17】
ぬし（主）①【20】

ね

ねころぶ（寝転ぶ）③【2】
ねんきん（年金）⓪【3】
ねづよい（根強い）③【7】
ねばる（粘る）②【15】
ねんのために（念の為に）⑤【18】
ねんしゅう（年収）⓪【18】
ねんしゅつ（捻出）⓪【18】
ね（根）①【20】

の

のびのび③【1】
のこり（残り）③【1】
のびる（伸びる）②【2】
のこす（残す）②【5】
のりもの（乗り物）⓪【9】
のりこえる（乗り越える）③④【11】
のうち（農地）①【14】
のき（軒）⓪【16】
のうぎょう（農業）①【17】
のしかかる（伸し掛かる）④【18】

附录（词汇表）

のりきる（乗り切る）③【18】

のがす（逃がす）②【20】

は

バドミントン③【1】

はら（腹）②【2】

パチンコや（パチンコ屋）⓪【3】

ば（場）①【3】

はいゆう（俳優）⓪【3】

ばくはつ（爆発）⓪【3】

はいけい（背景）⓪【3】

はたん（破綻）⓪【3】

ばい（倍）⓪【3】

はなよめしゅぎょう（花嫁修業）⑤【3】

はいご（背後）①【3】

はいりこむ（入り込む）④⓪【4】

ハッピー①【4】

はっする（発する）⓪④③【5】

バカンス①【5】

はるか（遥か）①【5】

はんざい（犯罪）⓪【5】

はんばい（販売）⓪【6】

はんのう（反応）⓪【6】

はつおん（発音）⓪【8】

パーセント③【9】

バッテリー⓪①【10】

はんかがい（繁華街）③【11】

はく（掃く）①【12】

はばひろい（幅広い）④【12】

ハンバーガー③【12】

はんぱ（半端）⓪【12】

はんしょく（繁殖）⓪【12】

はんろん（反論）⓪【12】

ばんりのちょうじょう（万里の長城）①【14】

パターン②【14】

はんい（範囲）①【14】

はぐるま（歯車）②【14】

ばつじるし（ばつ印）③①【15】

ひゃくしょう（百姓）③【17】

はりがみ（張り紙）⓪【18】

パート⓪①【18】

はかる（図る）②【19】

はけんぶたい（派遣部隊）④【19】

はえる（生える）②【19】

はくじゃでん（白蛇伝）④【20】

ははおや（母親）⓪【20】

はま（浜）②【20】

はくしゅ（拍手）①【20】

ひ

ビザ①【2】

ひょうか（評価）①【3】
ひつようせい（必要性）⓪【3】
ひとむかし（一昔）②③【3】
ひがい（被害）①【3】
ヒント①【4】
ひくつ（卑屈）⓪【5】
ひげ（卑下）①【5】
ひてい（否定）⓪【6】
ひがい（被害）①【8】
ひょういもじ（表意文字）④【8】
びんかん（敏感）⓪【9】
びんぼう（貧乏）①【10】
ひきうけ（引き受け）④【11】
ひんかく（品格）⓪【11】
びょうてき（病的）⓪【12】
ひさん（悲惨）⓪【12】
ひねくれる（捻くれる）④【13】
ピックアップ④【13】
ひかく（比較）⓪【14】
ひさいち（被災地）②【14】
びょうじょう（病状）⓪【14】
ひっきりなしに（引っ切り無しに）④⑤【16】
ひきおこす（引き起こす）④【17】
ひとはこ（一箱）②【18】

ひよう（費用）①【18】
ひとりぐらし（一人暮らし）④【18】
びょうどう（平等）⓪【18】
ひょうこう（標高）⓪【19】
ひなん（非難）①【20】
ひるめし（昼飯）⓪【20】

ふ

ふくめる（含める）③【1】
フリーター②【1】
ふたご（双子）⓪【2】
ふうふ（夫婦）①【2】
ふかけつ（不可欠）②【3】
ふやす（増やす）②【3】
ふたん（負担）⓪【3】
ふきゅう（普及）⓪【3】
ぶもん（部門）①⓪【6】
ふしぜん（不自然）②【6】
ぶんみゃく（文脈）⓪【8】
ふくめる（含める）③【8】
ぶがいしゃ（部外者）②【9】
ふくしせいど（福祉制度）④【10】
ふりかえる（振り返る）③【10】
ふまん（不満）⓪【10】
プロデューサー③【10】
ふようじょう（不養生）②【11】

ふやじょう（不夜城）②【11】

ぶんしょ（文書）①【12】

ふせぐ（防ぐ）②【12】

ファーストフード④【12】

ふじょう（浮上）⓪【12】

ふちゃく（付着）⓪【12】

ふんそう（紛争）⓪【14】

ふるえる（震える）⓪④【14】

ふるめかしい（古めかしい）⑤【16】

ふうう（風雨）①【16】

ふさいよう（不採用）②⓪【16】

ふりょう（不良）⓪【17】

ふうど（風土）①【17】

ふこう（不幸）②【17】

ふめい（不明）⓪【18】

ふんか（噴火）⓪【19】

ふしん（不振）⓪【19】

ふっと③①【20】

ふりかえる（振り返る）③【20】

ふつかよい（二日酔い）⓪【20】

へ

へんか（変化）①【1】

べとべと①⓪【2】

へいぼん（平凡）⓪【3】

べつべつ（別々）⓪【4】

へいき（平気）⓪【6】

へいきん（平均）⓪【8】

べん（便）①【9】

へんかん（変換）⓪【10】

ベストセラー④【13】

べっそう（別荘）③⓪【13】

へいわ（平和）⓪【14】

べんきょうほう（勉強法）⓪【17】

へんさい（返済）⓪【18】

へいせい（平成）⓪【18】

ベランダ⓪【20】

へび（蛇）①【20】

ほ

ほしょう（保証）⓪【2】

ほじる（穿る）②【2】

ほんかくてき（本格的）⓪【3】

ほんしつ（本質）⓪【3】

ほご（保護）①【3】

ぼうっと⓪【5】

ほこり（誇り）⓪【5】

ぼうけん（冒険）⓪【6】

ほんらい（本来）①【7】

ぼしゅう（募集）⓪【8】

ポリネシア③【8】

ぼんのう（煩悩）⓪③【10】

ほうりつ（法律）⓪【11】
ほうち（放置）①⓪【12】
ほうどう（報道）⓪【12】
ぼうふざい（防腐剤）⓪③【12】
ぼろい②【12】
ポイント⓪【13】
ぼうし（防止）⓪【14】
ぼっぱつ（勃発）⓪【14】
ほうこう（方向）⓪【14】
ボランティア②【14】
ほうめん（方面）③【15】
ほいくえん（保育園）③【18】
ほうあん（方案）⓪【18】
ほぼ①【19】
ほうりだす（放り出す）④【20】

ま

まずしい（貧しい）③【1】
まんぞく（満足）①【1】
まんぞくかん（満足感）④③【1】
マイペース③【2】
またがる（跨る）③【2】
まひじょうたい（麻痺状態）③【3】
マヨネーズ③【4】
まんぱい（満杯）⓪【4】
マラソン⓪【6】

まげる（曲げる）⓪【6】
まねる（真似る）⓪③【8】
マイナス⓪【10】
まして（況して）③①【12】
まんがいち（万が一）①【12】
まく（幕）②【12】
まよなか（真夜中）②【13】
まさに（正に）①【14】
マジック①②【15】
まさか①【15】
まあたらしい（真新しい）⑤【16】
まんせき（満席）⓪【16】
まいあがる（舞い上がる）④【17】
まわす（回す）⓪【18】
まわりみち（回り道）③【18】
まんびき（万引き）⓪【19】
まる（丸）⓪【20】
ままならない④【20】
まるめる（丸める）⓪④【20】

み

みちたりる（満ち足りる）④⓪【4】
みちしるべ（道標）③⓪【4】
みつける（見つける）⓪【4】
みりょう（魅了）⓪【6】
みさかえをはる（見栄えを張る）

②+⓪【7】

みぶり（身振り）①【8】

みうち（身内）⓪【9】

みぐるしい（見苦しい）④【11】

みぜん（未然）⓪【12】

みたす（満たす）②【12】

みうしなう（見失う）⓪④【13】

みみにする（耳にする）②+⓪【14】

みだれる（乱れる）③【14】

みずから（自ら）①【14】

みちる（満ちる）②【15】

みち（未知）①【15】

みらい（未来）①【15】

みせがまえ（店構え）③【16】

みのる（実る）②【17】

みきわめる（見極める）④【18】

みめい（未明）⓪【19】

みまう（見舞う）⓪②【19】

みあげる（見上げる）⓪③【19】

みまわす（見回す）⓪③【20】

みっかぼうず（三日坊主）④【20】

む

むしろ①【1】

むりやり⓪【2】

むしん（無心）⓪【7】

むだづかい（無駄遣い）③【9】

むける（向ける）⓪【10】

むく（向く）⓪【11】

むじゅん（矛盾）⓪【19】

むざん（無残）①【19】

むくう（報う）⓪②【20】

め

めいせい（名声）⓪【1】

めがける（目掛ける）③【2】

めいじん（名人）③【3】

めべり（目減り）⓪【3】

めん（面）①【3】

めいしょきゅうせき（名所旧跡）⓪④【6】

めんせき（面積）①【7】

めうえ（目上）⓪【9】

メリット①【12】

めだま（目玉）③⓪【12】

めいたんてい（名探偵）③【13】

めざましい（目覚ましい）④【17】

めでたい③【17】

めいさく（名作）⓪【18】

メッセージ①【19】

めいよ（名誉）①【19】

めいれい（命令）⓪【19】

も

もり（森）⓪【1】
もがく②【1】
もうすぐ③【2】
もくてき（目的）⓪【3】
もっとも（最も）③①【3】
もうしょ（猛暑）①【5】
もとめる（求める）③【6】
モンゴル①【8】
もじ（文字）①【8】
もともと（元々）⓪【8】
ものごと（物事）②【9】
もちあわせ（持ち合わせ）⓪⑤【11】
もたらす（齎す）③【12】
もくひょう（目標）⓪【12】
もんく（文句）①【13】
もと（元）⓪②【14】
もちだす（持ち出す）③⓪【15】
もれる（漏れる）②【16】
もよう（模様）⓪【18】
もちいる（用いる）③⓪【20】

や

やぶる（破る）②【2】
やぶれる（敗れる）③【5】
やがて⓪【6】
やまみち（山道）②【10】
やけど（火傷）⓪【11】
やしなう（養う）③【14】
やじるし（矢印）②【14】
やすらぐ（安らぐ）③【16】
やや①【18】
やまはだ（山肌）⓪【19】

ゆ

ゆれる（揺れる）⓪【1】
ゆうり（有利）①【4】
ゆうせん（優先）⓪【4】
ユーモア①⓪【5】
ゆうがた（夕方）⓪【9】
ゆうする（有する）③【13】
ゆずる（譲る）⓪【16】
ゆうどく（有毒）⓪【19】
ゆくえふめい（行方不明）④【19】

よ

よこどり（横取り）⓪【2】
よしあし（良し悪し）②①【5】
ようす（様子）⓪【5】
よぼう（予防）⓪【6】
よちよち①【7】
よくよう（抑揚）⓪【8】
よぞら（夜空）①【9】

よき（予期）①【12】

ようそ（要素）①【14】

よくぼう（欲望）⓪【14】

よっきゅう（欲求）⓪【14】

よういん（要因）⓪【14】

よそみ（余所見）②③【15】

よわたり（世渡り）②【17】

よういくひ（養育費）④【18】

ようしゃなく（容赦なく）①【19】

よそく（予測）⓪【19】

ら

ライフスタイル⑤【1】

らくがき（落書き）⓪【2】

ろうどうねんれい（労働年齢）⓪【3】

ライフスタイル⑤【7】

ラッキー①【13】

らっかんろん（楽観論）③【14】

り

りんじん（隣人）⓪【1】

りようしゃ（利用者）②【3】

りこん（離婚）⓪【3】

りょうこう（良好）⓪【11】

りがいそんとく（利害損得）①④【11】

りそう（理想）⓪【11】

りょうほう（両方）③⓪【12】

りねん（理念）①【13】

りょうきん（料金）①【14】

りゅうい（留意）①【14】

りょうしん（良心）①【16】

らいう（雷雨）①【18】

りゅうかすいそ（硫化水素）④【19】

りょうし（漁師）①【20】

れ

れっしゃ（列車）⓪①【2】

れいたん（冷淡）③【3】

れんじつ（連日）⓪【5】

れいぎ（礼儀）③【9】

れんきゅう（連休）⓪【12】

れつ（列）①【12】

れっきょう（列強）⓪【14】

れいせい（冷静）⓪【15】

れんけい（連携）⓪【19】

ろ

ろくおん（録音）⓪【3】

ろうどうりょく（労働力）③【3】

ろうりょく（労力）①【4】

ろうほう（朗報）⓪【8】

ローマじ（ローマ字）③⓪【8】

ろんそう（論争）⓪【12】

ろうご（老後）⓪【14】

ロマンチック④【16】

わ

わがや（我が家）①【1】
わがまま③④【2】
わめく（喚く）②【2】
わりあい（割合）⓪【3】
わかれる（分かれる）③【6】
わご（和語）①【9】
わける（分ける）②【9】
わるぐち（悪口）②【10】
わかれさい（別れ際）③【11】
わだい（話題）⓪【12】
わく（湧く）⓪【14】
われわれ（我々）⓪【17】
わりきる（割り切る）③【18】
わし⓪【20】